서강 한국어

Sogang Korean

Compact Series

문법 · 말하기 · 듣기 · 읽기 · 쓰기

STUDENT'S BOOK 2

기획편집 김성희 이정화 이유진

About This Book

Sogang Korean 2 *Compact Series*

The Sogang Korean 2 *Compact Series* is an all-in-one edition prepared for intensive Korean classes. The book, which is divided into 18 chapters, contains material drawn from Sogang Korean volumes 2A and 2B.

New Features of This Book

1. Expanded "Wrapping Up" Section - The "wrapping up" section at the end of each chapter contains target grammar, target vocabulary, and questions for the Speaking self test. These will be helpful for learners who wish to preview and review their classroom lessons. In Sogang Korean 2 *Compact Series*, the content from Sogang Korean 2A and 2B has been supplemented in the following two ways. First, an English translation of the target vocabulary is included to help students grasp their the meaning. In addition, MP3 files containing a recording of the target vocabulary are provided to help students learn the spoken language. In particular, these sound files include not only the basic forms of verbs and adjectives, but also some of the frequently used conjugations. This will help learners become more familiar with the spoken form of Korean.

2. Grammar Explanations - The grammar explanations that were included in the separate grammar and vocabulary handbook for Sogang Korean 2A and 2B have been moved to the end of each chapter in this book. This was based on feedback received from the users of the textbook. When the grammar is located at the end of each chapter, it is easier to find than when it is in a separate handbook or in an appendix at the back of the book. This also makes it possible for learners to understand the grammar explanations in the context of the chapter topic.

3. Culture Lessons - We have included culture lessons that focus on topics that learners are often curious about during class. Simple explanations and illustrations make these lessons enjoyable and effective.

4. Selected Reading and Listening Sections - Only the reading and listening sections that are suitable for the objectives of the compact series have been selected for inclusion.

5. Translation of the Readings - Sogang Korean 2A and 2B only provide translations of the text for the dialogue and listening sections. But in Sogang Korean 2 *Compact Series*, we include a translation of the readings in the appendix.

6. Recordings of the Readings - Unlike Sogang Korean 2A and 2B, which only provide recordings of the dialogue and listening sections, Sogang Korean 2 *Compact Series* also includes recordings of the readings as MP3 files.

7. Irregular Verbs and Supplementary Grammar - We have included a complete overview of irregular verbs and adjectives as well as a translation of supplementary grammar points in an appendix.

Included in Sogang Korean 2 *Compact Series*

Student's Book - This is designed to be used in the classroom. Each chapter includes an introduction, grammar, dialogue, reading or listening, vocabulary, grammar references, and a Korean culture lesson.

MP3 for Student's Book - The dialogue, reading, listening, and target vocabulary have been recorded on the MP3. We have included two recordings of each verb and adjective: the basic form and one conjugated form.

Workbook - Students can use this book to review their lessons at home. It provides students with additional practice and review. We are planning to publish this soon.

Hours of Study with Sogang Korean 2 *Compact Series*

Sogang Korean 2 *Compact Series*, which is made up of 18 chapters, is designed for people who are beginners in their study of Korean. Learners are recommended to spend 4-6 hours on each chapter, for a total of 72-108 hours.

Sogang Korean 2 *Compact Series*
서강한국어 2

ISBN 978-89-92491-79-2 **Sogang Korean 2** *Compact Series*

Publication

First Printing	October 7th, 2013
Third Printing	September 8th, 2021
Publisher	Sogang University, Institute for International Culture and Education
Registration Number	313-2006-00028
Address of Publisher	35 Baekbeom-ro, Shinsu-dong, Mapo-gu, Seoul
Tel	(82-2) 705-8088~9
Fax	(82-2) 701-6692, 713-8963
E-mail	ckss@sogang.ac.kr
Website	http://klec.sogang.ac.kr http://koreanimmersion.org

http://koreanteachers.org

Sales/Distribution

Sales/Distribution	Hawoo Publishing
Registration number	475
Address	48, Mangu-ro 68-gil, Jungnang-gu, Seoul
Tel	(82-2) 922-7090, 922-9728
Fax	(82-2) 922-7092
E-mail	hawoo@hawoo.co.kr
Website	http://hawoo.co.kr

Editing

Kim Song-hee	ABD in French Linguistics, Sogang University	Program Director, KLEC, Sogang University
Lee Jung-hwa	M.A. in Korean Education, Ewha Womans University	Researcher, KLEC, Sogang University
Lee Yu-jin	M.A. in Korean Education, Ewha Womans University	Researcher, KLEC, Sogang University

Authors

Sogang Korean 2A, 2B

Kim Song-hee	ABD in French Linguistics, Sogang University	Program Director KLEC, Sogang University
Kim Eun-jung	M.A. in English Literature, Sogang University	Researcher, KLEC, Sogang University
Oh Seung-eun	ABD in Korean Linguistics, Sogang University	Researcher, KLEC, Sogang University
Lee Jung-hwa	M.A. in Korean Education, Ewha Womans University	Researcher, KLEC, Sogang University
Jeong Ye-raen	M.A. in Korean Education, Yonsei University	Researcher, KLEC, Sogang University

English Translation

Ju You-kyung	Ph.D. in Korean Linguistics, School of Oriental and African Studies (SOAS), UK	Former Researcher, KLEC, Sogang University
Patricia L. Mitchell	B.Sc. in Computer Science and Astronomy, University of Toronto	Researcher, FLEC, Sogang University
David Carruth	B.A. in English Literature, John Brown University	Translator, Seoul Selection

English Proofreading

Hur Goo-saing	Ph.D. in History, University of Minnesota	Former Director, Institute for International Culture & Education, Sogang University
Yoo Isaiah WonHo	Ph.D. in Applied Linguistics, UCLA	Professor, Department of English Literature and Linguistics, Sogang University

Contents 목차

Table of Contents 내용 구성표

Table of Contents 내용 구성표

How To Use This Book

Introduction

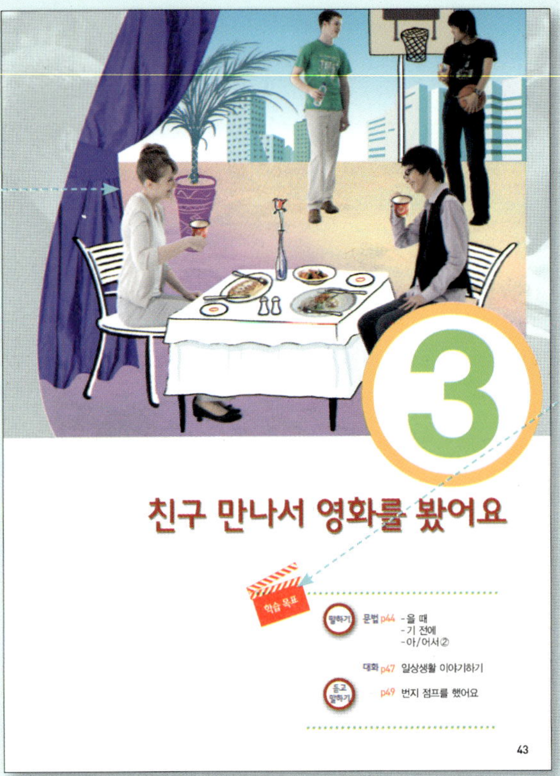

<Introductory Illustration>
This helps to make the lesson objectives clear by providing a visual representation of the situation.

<Lesson Objectives>
Lesson goals and themes are presented here.

Grammar

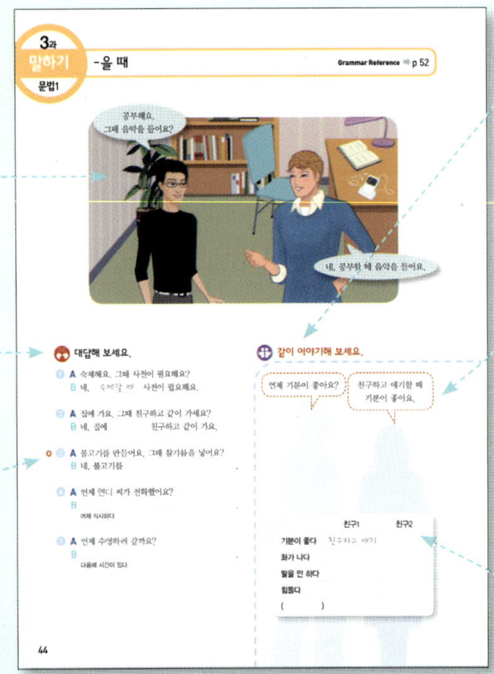

<Focus>
The lesson objectives are shown in context through dialogue and pictures.

<Grammar Practice>
Use these exercises to get the hang of grammar points.

<Stars>
A star is added to items that are easy to get wrong. Pay extra attention if you see one of these.

<Grammar Activity>
The activity portion of the unit gives more opportunities for practice so that the student may become more comfortable with the target grammar.

<Sample Dialogue for Activities>

<Sample Material for Activities>

Dialogues

This is the track number on the MP3

<Conversation Warm-up Question>
This question is provided to make it easier for you to understand the situation in which the conversation is taking place.

<Conversation Pictures>
These pictures express the circumstances in which the speakers are having a conversation. They will help you learn more about Korean culture and about the right way to speak in specific places and relationships.

앤디 제니 씨는 보통 몇 시에 집에 가세요?
제니 3시에 가요.
앤디 집에 가서 뭐 하세요?
제니 숙제하고 인터넷해요.

인터넷해요 [인터네태요]

다음을 이용해서 대화를 만들어 보세요

보통	집에 가다
보통	학교에 오다
보통	일어나다
어제	집에 갔다
어제	학교에 왔다

47

<Conversation Text>
This is a sample conversation that can be used in the situation depicted in the conversation pictures.
The sample conversation shows you how to use the target grammar points in a natural way.

<Pronunciation>
This section draws attention to words that are easy to mispronounce.

<Dialogue Cues>
The highlighted words and phrases can be substituted with the words in the practice dialogue box that are of the same color. Use these to create new conversations.

<Picture Cues>
These pictures provide you with cues for the conversation.

Reading & Speaking

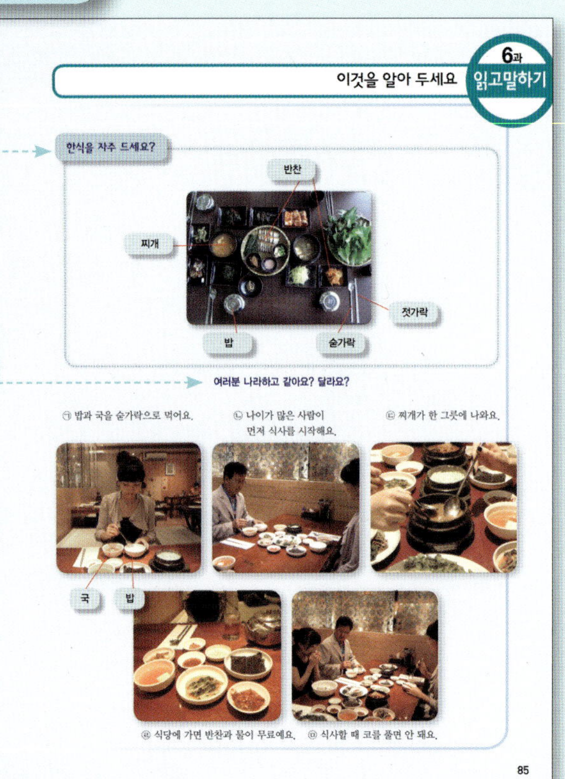

6과
읽고말하기
이것을 알아 두세요
한식을 자주 드세요?
반찬
찌개
젓가락
밥
숟가락
여러분 나라하고 같아요? 달라요?
㉠ 밥과 국을 숟가락으로 먹어요.
㉡ 나이가 많은 사람이 먼저 식사를 시작해요.
㉢ 찌개가 한 그릇에 나와요.
국
밥
㉣ 식당에 가면 반찬과 물이 무료예요.
㉤ 식사할 때 코를 풀면 안 돼요.
85

<Before Reading>
This section gets students familiar with the topic.

<Getting Ready>
We have prepared the background information and vocabulary you will need for understanding the reading text.

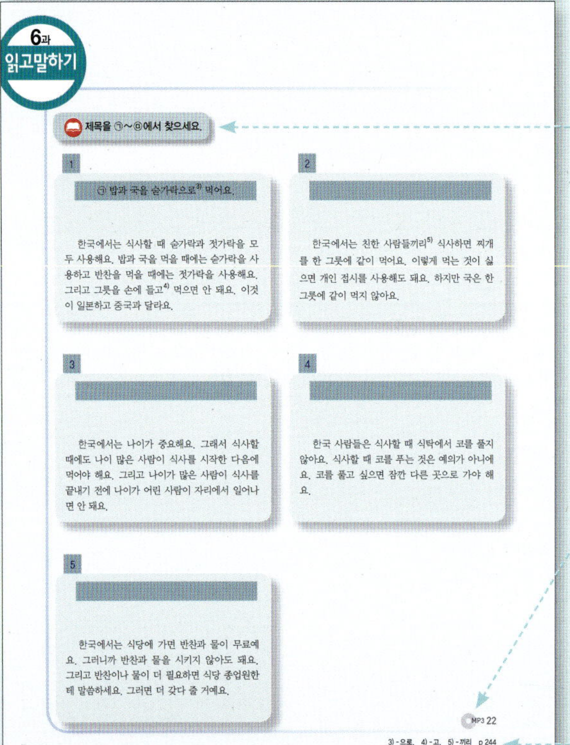

6과
읽고말하기
제목을 ㉠~㉤에서 찾으세요.
1
㉠ 밥과 국을 숟가락으로 먹어요.
한국에서는 식사할 때 숟가락과 젓가락을 모두 사용해요. 밥과 국을 먹을 때에는 숟가락을 사용하고 반찬을 먹을 때에는 젓가락을 사용해요. 그리고 그릇을 손에 들고 먹으면 안 돼요. 이것이 일본하고 중국과 달라요.
2
한국에서는 친한 사람들끼리 식사하면 찌개를 한 그릇에 같이 먹어요. 이렇게 먹는 것이 싫으면 개인 접시를 사용해도 돼요. 하지만 국은 한 그릇에 같이 먹지 않아요.
3
한국에서는 나이가 중요해요. 그래서 식사할 때에도 나이 많은 사람이 식사를 시작한 다음에 먹어야 해요. 그리고 나이가 많은 사람이 식사를 끝내기 전에 나이가 어린 사람이 자리에서 일어나면 안 돼요.
4
한국 사람들은 식사할 때 식탁에서 코를 풀지 않아요. 식사할 때 코를 푸는 것은 예의가 아니에요. 코를 풀고 싶으면 잠깐 다른 곳으로 가야 해요.
5
한국에서는 식당에 가면 반찬과 물이 무료예요. 그러니까 반찬과 물을 시키지 않아도 돼요. 그리고 반찬이나 물이 더 필요하면 식당 종업원한테 말씀하세요. 그러면 더 갖다 줄 거예요.
MP3 22
3) -으로, 4) -고, 5) -끼리 p.244
86

<Reading Focus>
This is a specific reading task. Knowing what you are supposed to look for before you start reading makes it easier to read.

<This is the track number on the MP3>

<Go to this page for a supplementary grammar explanation>

<T/F Questions>
The true/false questions are intended to both aid and ensure comprehension of the reading text.

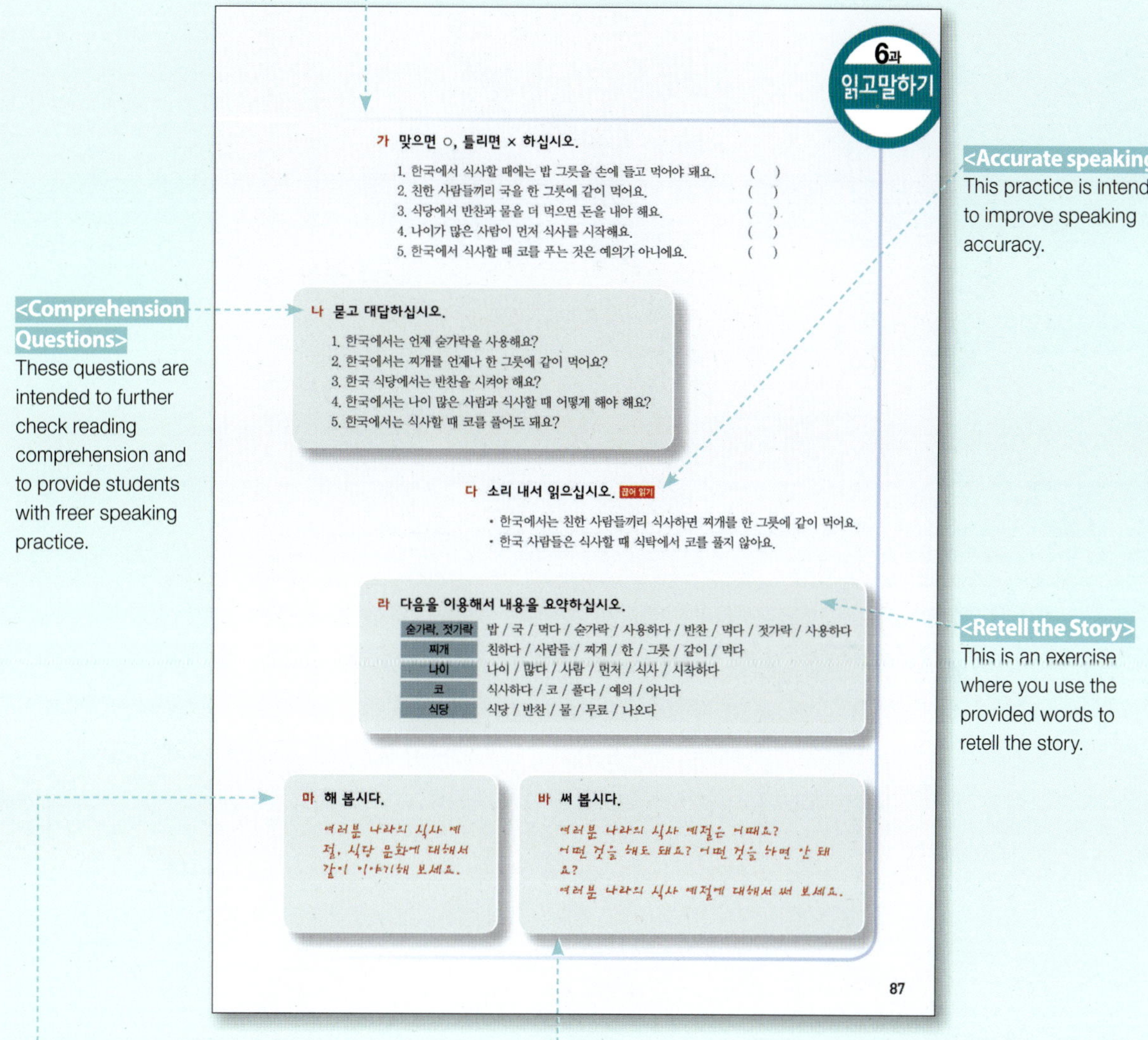

6과 읽고말하기

가 맞으면 ○, 틀리면 × 하십시오.

1. 한국에서 식사할 때에는 밥 그릇을 손에 들고 먹어야 돼요. ( )
2. 친한 사람들끼리 국을 한 그릇에 같이 먹어요. ( )
3. 식당에서 반찬과 물을 더 먹으면 돈을 내야 해요. ( )
4. 나이가 많은 사람이 먼저 식사를 시작해요. ( )
5. 한국에서 식사할 때 코를 푸는 것은 예의가 아니에요. ( )

나 묻고 대답하십시오.

1. 한국에서는 언제 숟가락을 사용해요?
2. 한국에서는 찌개를 언제나 한 그릇에 같이 먹어요?
3. 한국 식당에서는 반찬을 시켜야 해요?
4. 한국에서는 나이 많은 사람과 식사할 때 어떻게 해야 해요?
5. 한국에서는 식사할 때 코를 풀어도 돼요?

다 소리 내서 읽으십시오. 끊어 읽기

- 한국에서는 친한 사람들끼리 식사하면 찌개를 한 그릇에 같이 먹어요.
- 한국 사람들은 식사할 때 식탁에서 코를 풀지 않아요.

라 다음을 이용해서 내용을 요약하십시오.

숟가락, 젓가락	밥 / 국 / 먹다 / 숟가락 / 사용하다 / 반찬 / 먹다 / 젓가락 / 사용하다
찌개	친하다 / 사람들 / 찌개 / 한 / 그릇 / 같이 / 먹다
나이	나이 / 많다 / 사람 / 먼저 / 식사 / 시작하다
코	식사하다 / 코 / 풀다 / 예의 / 아니다
식당	식당 / 반찬 / 물 / 무료 / 나오다

마 해 봅시다.

여러분 나라의 식사 예절, 식당 문화에 대해서 같이 이야기해 보세요.

바 써 봅시다.

여러분 나라의 식사 예절은 어때요?
어떤 것을 해도 돼요? 어떤 것을 하면 안 돼요?
여러분 나라의 식사 예절에 대해서 써 보세요.

87

<Comprehension Questions>
These questions are intended to further check reading comprehension and to provide students with freer speaking practice.

<Accurate speaking>
This practice is intended to improve speaking accuracy.

<Retell the Story>
This is an exercise where you use the provided words to retell the story.

<Usage>
These activities are related to the content of the main text. There are a variety of possible activities, including sharing thoughts and experiences, role play, and games.

<Writing>
This is a writing exercise that makes use of the content of the main text or an exercise from the usage section. This is good to use as material for the writing class.

Listening

<Before Listening>
This pre-listening activity gets students familiar with the topic.

<Getting Ready>
We have prepared the background information and vocabulary you will need for understanding the listening text.

3과 듣고말하기

번지 점프를 했어요

주말을 어떻게 보내세요?

앤디 씨는 주말에 보통 뭐 해요?

테니스 쳐요

번지 점프를 해요

쇼핑 해요

놀이 공원에 가요

앤디 씨와 제니 씨가 지난 주말에 뭐 했어요? MP3 9

가 맞는 것에 ✓표시하십시오.

두 사람은 주말을 어떻게 보냈어요?

앤디	제니
□ 재미있었어요.	□ 놀이 공원에서 놀았어요.
□ 번지 점프를 했어요.	□ 동물원에 갔어요.
□ 번지 점프가 위험했어요.	□ 점심을 못 먹었어요.
□ 뛰어내릴 때 무서웠어요.	□ 일찍 갔다 왔어요.

49

<Listening Focus>
This is a specific listening task. Knowing what you are supposed to look for before you start listening makes it easier to listen. By answering these questions, students will understand the main point of the listening text.

<Focused Questions>
These questions are intended to both aid and ensure comprehension of the listening text.

<Thought Icon>
These questions are a chance for everyone to share their own ideas.

<Comprehension Questions>
These questions are intended to further check listening comprehension and to provide students with freer speaking practice.

<Listening Focus>
This is a specific listening task. Knowing what you are supposed to hear as you listen to the MP3 makes listening easier.

<Usage>
These activities are related to the content of the main text. There are a variety of possible activities, including sharing thoughts and experiences, role play, and games.

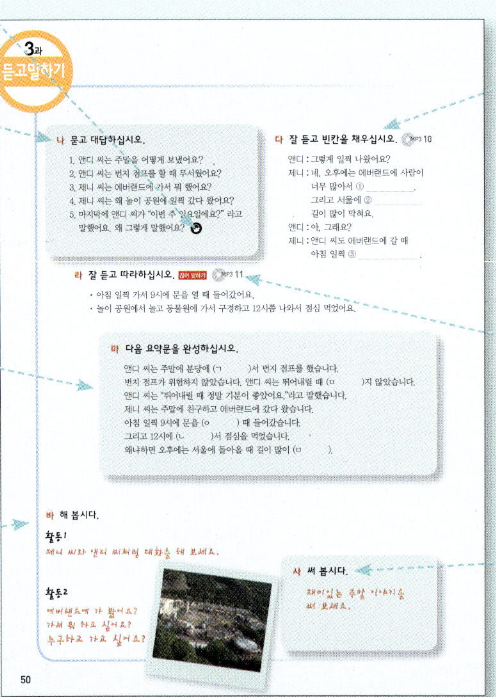
3과 듣고말하기

나 묻고 대답하십시오.

1. 앤디 씨는 주말을 어떻게 보냈어요?
2. 앤디 씨는 번지 점프를 할 때 무서웠어요?
3. 제니 씨는 에버랜드에 가서 뭐 했어요?
4. 제니 씨는 왜 놀이 공원에 일찍 갔다 왔어요?
5. 마지막에 앤디 씨가 "이번 주 일요일에요?" 라고 말했어요. 왜 그렇게 말했어요?

다 잘 듣고 빈칸을 채우십시오. MP3 10

앤디 : 그렇게 일찍 나왔어요?
제니 : 네. 오후에는 에버랜드에 사람이 너무 많아서 ① ______.
그리고 서울에 ② ______
길이 많이 막혀요.
앤디 : 아, 그래요?
제니 : 앤디 씨도 에버랜드에 갈 때
아침 일찍 ③ ______.

라 잘 듣고 따라하십시오. 끊어 말하기 MP3 11

- 아침 일찍 가서 9시에 문을 열 때 들어갔어요.
- 놀이 공원에서 놀고 동물원에 가서 구경하고 12시쯤 나와서 점심 먹었어요.

마 다음 요약문을 완성하십시오.

앤디 씨는 주말에 분당에 (ㄱ   )서 번지 점프를 했습니다.
번지 점프가 위험하지 않았습니다. 앤디 씨는 뛰어내릴 때 (ㅁ   )지 않았습니다.
앤디 씨는 "뛰어내릴 때 정말 기분이 좋았어요."라고 말했습니다.
제니 씨는 주말에 친구하고 에버랜드에 갔다 왔습니다.
아침 일찍 9시에 문을 (ㅇ   ) 때 들어갔습니다.
그리고 12시에 (ㄴ   )서 점심을 먹었습니다.
왜냐하면 오후에는 서울에 돌아올 때 길이 많이 (ㅁ   ).

바 해 봅시다.

활동1
제니 씨와 앤디 씨처럼 대화를 해 보세요.

활동2
에버랜드에 가 봤어요?
가서 뭐 하고 싶어요?
누구하고 가고 싶어요?

사 써 봅시다.

재미있는 주말 이야기를 써 보세요.

50

<Accurate listening>
These exercises are intended to improve listening accuracy.

<Pronunciation and Intonation>
This can help you practice your pronunciation, your intonation, and your ability to pause between words naturally.

<Writing>
This is a writing exercise that makes use of the content of the main text or an exercise from the usage section. This is good to use as material for the writing class.

Wrapping Up

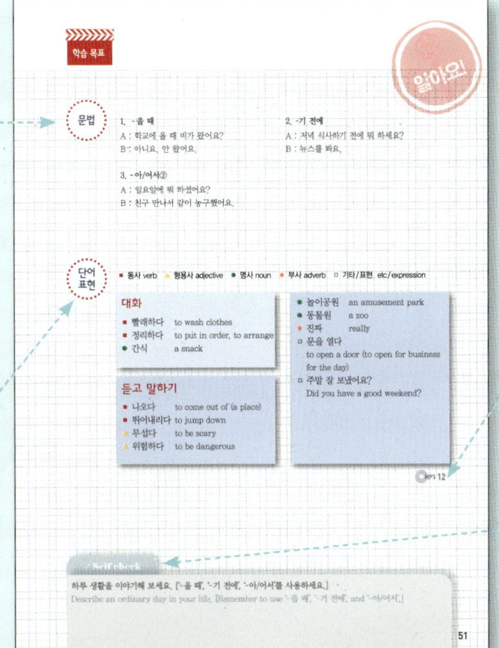

<Learning Check>
Double check the grammar that you learned in this chapter.

<Words and Expressions>
New words and their meaning are provided to aid you in your learning.

<Number on the MP3 >
With the MP3 tracks, you can listen to the vocabulary.

<Self Check>
You can use the target grammar as you answer these questions.

Grammar Explanations

The grammar explanations have been moved to the end of each chapter in this book. This makes it possible for learners to understand the grammar explanations in the context of the chapter topic.

Language & Culture

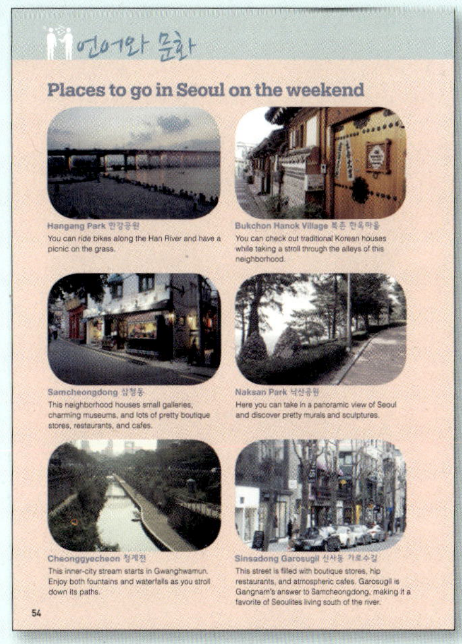

This focuses on topics that learners are often curious about during class. Simple explanations and illustrations make these lessons enjoyable and effective.

characters

러시아 대학생 이리나, 일본어 선생님
타쿠야와 태국 학생 완

한국 대학생 미나와
미국 대학생 앤디

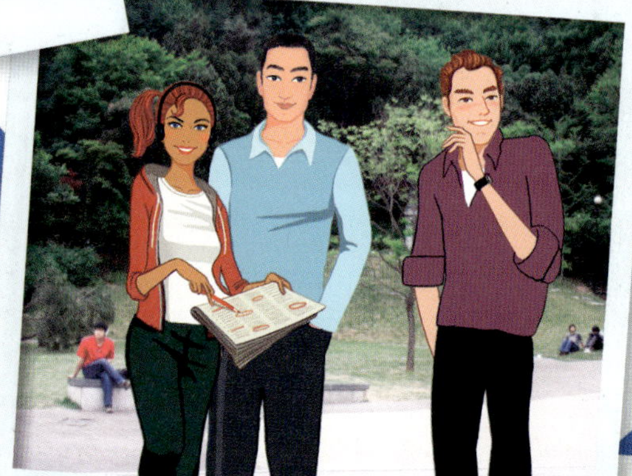

호주 디자이너 제니, 중국학생 렌핑
그리고 캐나다 영어 선생님 제임스

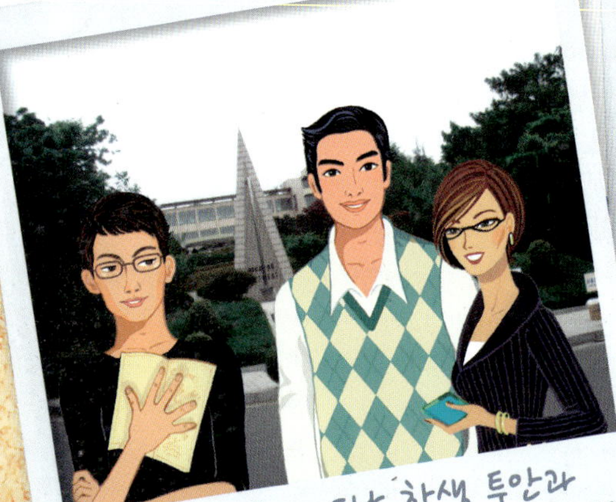

한국 학생 지훈, 베트남 학생 투안과
재미교포 기자 수잔

중국 교환학생 리엔, 독일 사람
회사원 한스와 일본 사람 히로미

1

이름이 어떻게 되세요?

말하기 문법 p20 존댓말 ②
-아/어 드릴게요

대화 p22 소개하기

p23 저는 앤디예요

존댓말 ②

Grammar Reference ➡ p 28

대답해 보세요.

1. A 어떤 운동을 좋아하세요?
   B 축구를 좋아해요.
2. A 어디에서 한국어를 배우셨어요?
   B 일본에서 ________.
3. A 언제까지 한국에 계실 거예요?
   B 올해 12월까지 ________.

질문해 보세요.

1. A 보통 아침을 드세요?
   B 네, 먹어요.
2. A 오늘 학교에 몇 시에 ________?
   B 8시 반에 왔어요.
3. A 주말에 뭐 ________?
   B 친구를 만날 거예요.

존댓말로 바꿔서[1] 물어보세요.

보통 몇 시에 일어나세요?

7시에 일어나요.

✓ 보통 몇 시에 일어나요?

어제 저녁에 뭐 먹었어요?

오늘 오후에 시간 있어요?

1) 아/어서② p 242

p 29 ⬅ Grammar Reference

-아/어 드릴게요

신입생 환영
전화번호 좀 가르쳐 주세요.
네, 가르쳐 드릴게요.

대답해 보세요.

1. A 문 좀 열어 주세요.
   B 네, 열어 드릴게요 .

2. A 한스 씨를 소개해 주세요.
   B 네, ______________.

3. A 소라 씨 좀 바꿔 주세요.
   B 잠깐만요, ______________.

4. A 칠판에 써 주세요.
   B 네, ______________.

5. A 방이 너무 어두워요.
   B 그러세요? 그럼, 불을 ______________.

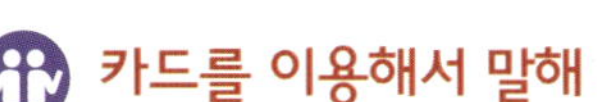

카드를 이용해서 말해 보세요.

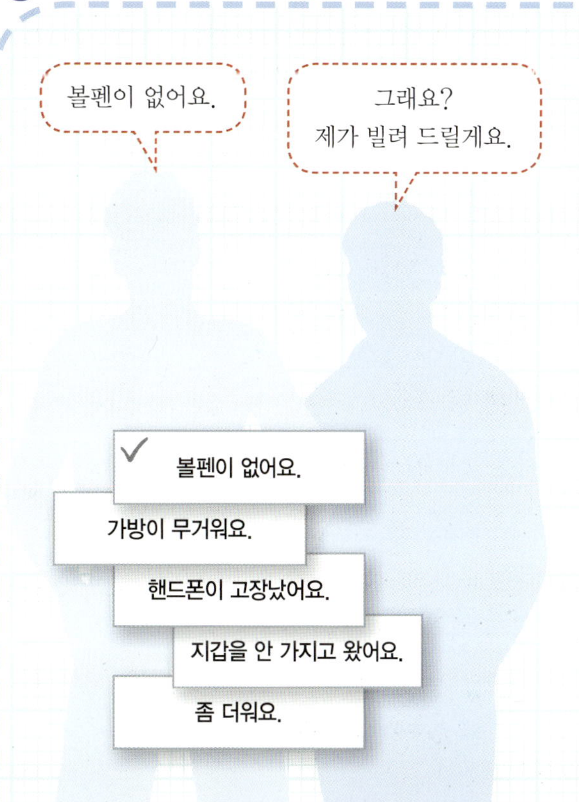
볼펜이 없어요.
그래요?
제가 빌려 드릴게요.
✓ 볼펜이 없어요.
가방이 무거워요.
핸드폰이 고장났어요.
지갑을 안 가지고 왔어요.
좀 더워요.

1과 말하기 대화

소개하기

MP3 2

파티에서 다른 나라 친구를 처음 만났습니다[2]. 그때 여러분은 어떤 것을 물어봅니까?

앤디 처음 뵙겠습니다. 저는 앤디예요.
이름이 어떻게 되세요?

히로미 히로미예요. 앤디 씨는 무슨 일 하세요?

앤디 학생이에요. 서강대학교에서 한국어를 공부해요.

히로미 저도 서강대학교에 다녀요.

앤디 그러세요? 그럼 학교에서 한번 만나요.

히로미 제[3] 연락처를 알려 드릴게요.

이름이 어떻게 되세요
[이르미어떠케되세요]

다음을 이용해서 대화를 만들어 보세요

전화번호	가르치다
이메일 주소	알리다
연락처	쓰다

2) 습니다, 3) 제 p 242

친구들한테 물어보세요.

이름이 어떻게 되세요?

연락처가 어떻게 되세요?

취미가 뭐예요?

무슨 일을 하세요?

어디에서 오셨어요?

수잔 씨와 타쿠야 씨는 어디에서 왔어요?

이름	수잔
나라	미국(재미교포)
고향	뉴욕
직업	기자
취미	영화감상
이메일 주소	susan7@hotmail.com

이름	타쿠야
나라	일본
고향	도쿄
직업	일본어 강사
취미	음악
이메일 주소	takuya82@yahoo.co.jp

앤디 씨가 어디에서 왔어요? 취미가 뭐예요?

안녕하세요? 저는 앤디예요. 미국 사람이에요.
만나서 반가워요.
제 고향은 샌프란시스코예요. 샌프란시스코는
미국에서 제일 아름다운 도시라서[4] 많은 사람들이 여행을 와요.
저는 대학교에서 동아시아학을 전공해요.
대학교에서 2년 동안 한국어를 공부했지만 아직 잘 못해요.
그래서 한국어를 공부하러 한국에 왔어요.
제 취미는 운동이에요. 저는 시간이 있을 때 테니스를
치거나 농구를 해요. 미국에서 태권도를 배워서
태권도도 조금 할 줄 알아요.
그런데 요즘은 시간이 없어서 운동하지 못해요.
하지만 이제부터 태권도를 다시 시작하려고 해요.
저는 지금 신촌 하숙집에서 살아요.
하숙집이 학교에서 가까워서 편해요.
그리고 이 하숙집에는 우리 학교 학생들도 세 명 같이 살아요.
모두 친절하고 좋은 친구들이에요.
이 친구들과 같이 살 수 있어서 참 좋아요.
저는 한국에서 1년 동안 한국어와[5] 한국 문화를
공부할 거예요. 또 한국 친구들도 많이 사귀고 싶어요.

이름	앤디
나라	미국
고향	
직업	
취미	
이메일 주소	andy007@hotmail.com

MP3 3

4) -이라서, 5) -와/과 p 246

가 **맞으면[6] ○, 틀리면 × 하십시오[7].**

1. 앤디 씨가 샌프란시스코에 여행을 가 봤어요. ( )
2. 앤디 씨는 한국어를 할 줄 몰라요. ( )
3. 앤디 씨는 요즘 운동을 많이 해요. ( )
4. 앤디 씨 하숙집이 학교에서 가까워서 편해요. ( )
5. 앤디 씨는 한국에서 1년 동안 한국어를 공부할 거예요. ( )

나 **묻고 대답하십시오.**

1. 앤디 씨 고향이 어떤 곳이에요?
2. 앤디 씨가 왜 한국에 왔어요?
3. 앤디 씨 취미가 뭐예요?
4. 앤디 씨 하숙집이 어때요?
5. 앤디 씨 계획을 말해 보세요.

다 **소리 내서 읽으십시오.** 발음

- 저는 대학교에서 동아시아학을 전공해요.
- 저는 한국에서 1년 동안 한국어와 한국 문화를 공부할 거예요.

6) -으면, 7) -으십시오 p 242

라 **다음을 이용해서 내용을 요약하십시오.**

제 / 고향 / 아름답다 / 도시 / 많다 / 사람들 / 여행 / 오다
대학교 / 2년 / 한국어 / 공부하다 / 아직 / 잘 / 못하다
시간 / 있다 / 테니스 / 치다 / 농구 / 하다
하숙집 / 학교 / 가깝다 / 편하다
1년 / 한국어 / 한국 문화 / 공부하다 / 한국 친구들 / 많이 / 사귀다

마 **해 봅시다.**

① 종이에 이름하고 대답을 쓰세요.

1. 취미가 뭐예요?
2. 왜 한국에 왔어요?
3. 한국에서 뭐 할 거예요?
4. 지금 어디에서 살아요?
5. 고향이 어디예요?

이름 :

② 종이를 바구니에 넣으세요.
③ 바구니에서 다른 사람 종이 한 장을 꺼내세요.
그리고 읽어 보세요.
④ "누구예요?" 사람을 알아맞혀 보세요.

바 **써 봅시다.**

본문처럼[8] 자기소개서를 써 보세요.

8) 처럼 p 242

알아요!

문법

1. 존댓말②

A: 한국에 얼마 동안 계실 거예요?

B: 1년 있을 거예요.

2. -아/어 드릴게요

A: 연락처 좀 가르쳐 주세요.

B: 네, 전화번호를 가르쳐 드릴게요.

단어 표현

■ 동사 verb ▲ 형용사 adjective ● 명사 noun ◆ 부사 adverb □ 기타/표현 etc/expression

대화

■ (-에) 다니다 to attend
■ 알리다 to inform
● 연락처 contact information

□ 이름이 어떻게 되세요?
What is your name? [polite speech]
□ 어느 나라에서 오셨어요?
Where are you from?
□ 처음 뵙겠습니다.
It's nice to meet you. [polite]
□ 무슨 일 하세요?
What do you do for a living?

읽고 말하기

■ 농구하다 to play basketball
■ 사귀다 to get to know someone
■ 전공하다 to specialize in, major in
▲ 아름답다 to be beautiful
▲ 친절하다 to be kind
▲ 편하다 to be convenient, comfortable
● 고향 a hometown
● 도시 a city
● 동아시아학 East Asian Studies
● 모두 all, every
● 문화 culture
● 이제 now
● 취미 a hobby
◆ 다시 again
◆ 제일 the most
◆ 또 again
◆ 하지만 but
□ 아직 잘 못해요.
I can't do (something) well yet.
□ 참 좋아요. It's really good.

MP3 4

✓ Self check

○○씨 친구가 ○○씨에게 한국 사람을 소개합니다. 소개 받은 사람과 어떻게 인사합니까? 어떤 말로 이름을 물어봅니까?

Your friend is introducing you to a Korean person. How do you greet the person you've just been introduced to? What expression do you use to ask what their name is?

Grammar Reference

❶ 존댓말 ②
❷ -아/어 드릴게요

❶ 존댓말 ②

1. MEANING

In this book, '존댓말' indicates the combined forms of '-으시-', such as '-으세요', '-으셨어요', '-으실 거예요' and so on.

The honorific form is used when the speaker doesn't know the person well. It is a way of being polite. The honorific form is also used to express respect to an elder, a superior at work, or a teacher.

If you want to review 존댓말① ('-으세요', '-으셨어요'), see Sogang Korean Compact series 1 : unit 9 p 213.

e.g. A 한국 음식 좋아하세요?
B 네, 좋아해요.
A 어떤 음식을 제일 좋아하세요?
B 갈비요.

2. FORM

1) '-으시-' is used with verbs, adjectives, 'noun 이다', and '있다/없다'.

2) '-으시-' is used with stems[1] ending in a consonant, and '있다', '없다'.

닫 + 으시 + 어요 → 닫으세요

e.g. 아버지가 문을 닫으세요.

'-시-' is used with stems ending in a vowel.

보 + 시 + 어요 → 보세요

e.g. 어머니가 텔레비전을 보세요.

With 'noun 이다', '-이시-' is used when the noun ends in a consonant and '-시-' is used when the noun ends in a vowel.

선생님 + 이시 + 어요 → 선생님이세요

e.g. 이분이 말하기 수업 선생님이세요.

3) The honorific forms can be summarized according to tense as follows :

과거 (Past)

받 + 으시 + 었어요 → 받으셨어요
가 + 시 + 었어요 → 가셨어요

e.g. 아버지가 전화를 받으셨어요.
어머니가 시장에 가셨어요.

미래 (Future)

받 + 으시 + ㄹ 거예요 → 받으실 거예요
가 + 시 + ㄹ 거예요 → 가실 거예요

e.g. 아버지가 전화를 받으실 거예요.
어머니가 시장에 가실 거예요.

현재 (Present)

e.g. 아버지가 전화를 받으세요.
어머니가 시장에 가세요.

4) The following five verbs have special honorific forms.

	존댓말		존댓말
있다	계시다	자다	주무시다
먹다	드시다, 잡수시다	말하다	말씀하시다
마시다	드시다		

1) Stem
Korean verbs and adjectives are used with various endings. The part of the verb or adjective which remains unchanged is called the 'stem'. (See verb '읽다' as an example).

Stem	Ending
읽	어요
읽	었어요
읽	으세요

e.g. 어머니가 집에 계세요.
어머니가 점심을 드세요. / 잡수세요.
아버지가 물을 드셨어요.
안녕히 주무셨어요?
선생님이 나중에 말씀하실 거예요.

NOTE

1. ㄷ 불규칙(Irregular) p 251

e.g. 어머니가 음악을 들으세요.
(듣다)

2. ㄹ 불규칙(Irregular) p 252

e.g. 선생님이 강남 역 근처에 사세요.
(살다)

NOTE

When referring to the location of a person, the honorific form of '있다' is '계시다'.
In other cases, the honorific form of '있다' is '있으시다'.

e.g. 아버지가 거실에 계세요.
밖에 비가 와요. 우산 있으세요?
같이 갈 수 있으세요?

BONUS

When used with the honorific form, the marker '-이/가' can be changed to '-께서' and "-한테' to '-께'. You can show more respect to other people by using '-께서' and '-께'.

e.g. 할아버지께서 신문을 보세요.
할아버지께서 아버지께 전화하세요.

② -아/어 드릴게요

1. MEANING

'-아/어 드릴게요' is used to offer to do a service for or to help the listener in some way. It has the same meaning as 'I will do (some action) for you'. It shows more respect to the listener than '-아/어 줄게요'.

2. FORM

1) '-아/어 드릴게요' is always attached directly to the end of the verb stem.

2) '-아 드릴게요' is used when verb stems involve 'ㅏ, ㅗ', and '-어 드릴게요' is used with all other verb stems.

사다 → 사 드릴게요
가르치다 → 가르쳐 드릴게요
안내하다 → 안내해 드릴게요

e.g. 같이 점심 먹으러 가요. 오늘 제가 점심을 사 드릴게요.

A 사무실 전화번호 좀 가르쳐 주세요.
B 네, 가르쳐 드릴게요.

A 학교 사무실이 어디에 있어요?
B 제가 안내해 드릴게요. 이쪽으로 오세요.

3. RESTRICTIONS ON USE

The subject of '-아/어 드릴게요' is always the first person, i.e. the speaker (I, we).

NOTE

으 불규칙 (Irregular) p 251

e.g. A 이름을 어떻게 쓰세요?
B 제가 써 드릴게요.
(쓰다)

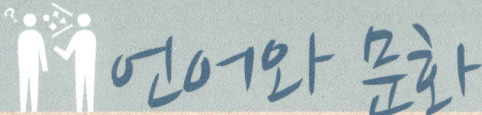

Hangeul Names

Each of the Korean consonants has its own unique name. Knowing these names makes it much easier to find out how Korean words are spelled.

한글 자음	이름	발음이 바뀌는것
ㄱ	기역	
ㄴ	니은	
ㄷ	디귿	디귿이에요[디그시에요]
ㄹ	리을	
ㅁ	미음	
ㅂ	비읍	
ㅅ	시옷	
ㅇ	이응	
ㅈ	지읒	지읒이에요[지으시에요]
ㅊ	치읓	치읓이에요[치으시에요]

한글 자음	이름	발음이 바뀌는것
ㅋ	키읔	키읔이에요[키으기에요]
ㅌ	티읕	티읕이에요[티으시에요]
ㅍ	피읖	피읖이에요[피으비에요]
ㅎ	히읗	히읗이에요[히으시에요]
ㄲ	쌍기역	
ㄸ	쌍디귿	쌍디귿이에요[쌍디그시에요]
ㅃ	쌍비읍	
ㅆ	쌍시옷	
ㅉ	쌍지읒	쌍지읒이에요[쌍지으시에요]

TIP

애 vs 에

It is hard to tell the difference between 'ㅐ' and 'ㅔ' by their pronunciation alone. In situations when you need to make it clear whether you are referring to 'ㅐ' or 'ㅔ', you can refer to 'ㅐ' as 'ㅏ, ㅣ[아,이]' and 'ㅔ' as 'ㅓ, ㅣ[어,이]'.

'아' '이'예요?

아니요.
'어' '이'예요.

2

수업이 끝난 다음에 뭐 하세요?

말하기 문법 p32 -고 있다
-은 다음에
-으려고

대화 p35 전화를 받을 수 없는 이유 설명하기

p36 지각 안 하려고 일찍 일어났어요

2과
말하기
문법1

-고 있다

Grammar Reference ➡ p 40

대답해 보세요.

1. A 제임스 씨가 지금 뭐 하고 있어요?
   B 텔레비전 보고 있어요 .

2. A 타쿠야 씨가 지금 뭐 하고 있어요?
   B ________________ 고 있어요.

3. A 수잔 씨가 지금 뭐 하고 있어요?
   B ________________.

4. A 한스 씨가 지금 뭐 하고 있어요?
   B ________________.

5. A 히로미 씨가 지금 뭐 하고 있어요?
   B ________________.

카드를 보고 동작을 해 보세요.

다른 친구들은 동작을 알아맞히세요.
많이 알아맞히는 사람이 이깁니다.

테니스를 치고 있어요!

춤을 추고 있어요!

✓ 테니스를 치고 있어요.

사진을 찍고 있어요.

요리를 하고 있어요.

-은 다음에

점심 식사해요.
그 다음에 뭐 하세요?
점심 식사한 다음에
태권도 배우러 가요.

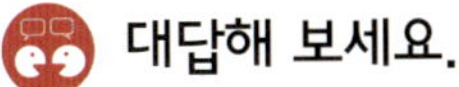

대답해 보세요.

1. A 운동해요. 그 다음에 뭐 하세요?
   B 보통 운동 한 다음에 저녁 식사해요.

2. A 저녁에 텔레비전을 봐요. 그 다음에 뭐 하세요?
   B 저녁에 텔레비전을 ________ 가족하고 이야기해요.

3. A 어제 은행에서 돈을 찾았어요. 그 다음에 뭐 하셨어요?
   B 은행에서 돈을 ________ 선물을 샀어요.

4. A 책을 읽을 거예요. 그 다음에 뭐 하실 거예요?
   B 책을 ________ 친구를 만날 거예요.

5. A 오늘 점심 식사할 거예요. 그 다음에 뭐 하실 거예요?
   B ________________.

카드를 이용해서 말해 보세요.

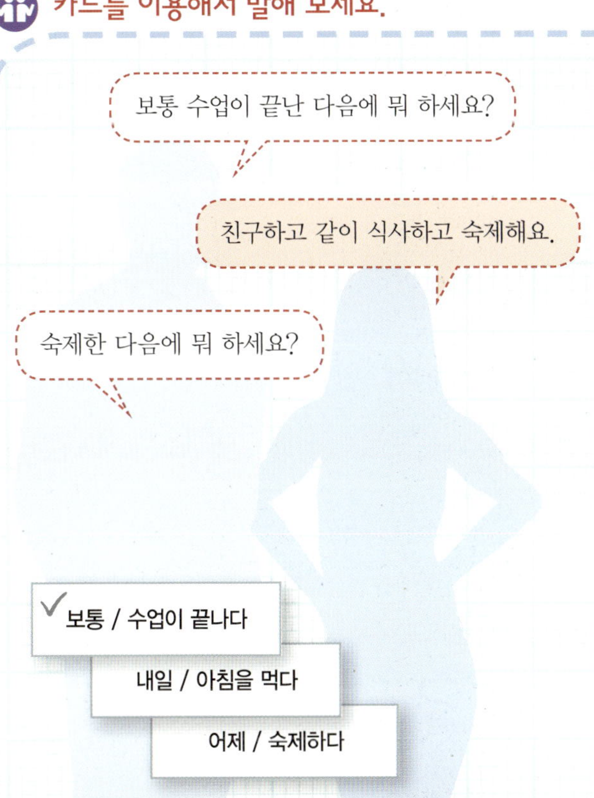

보통 수업이 끝난 다음에 뭐 하세요?
친구하고 같이 식사하고 숙제해요.
숙제한 다음에 뭐 하세요?
보통 / 수업이 끝나다
내일 / 아침을 먹다
어제 / 숙제하다

-으려고

Grammar Reference ➡ p 41

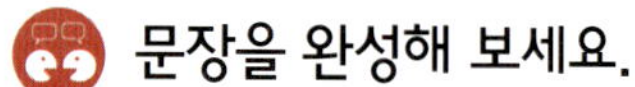

문장을 완성해 보세요.

1. 아침에 일찍 일어나려고 ______________.
   - 밤에 일찍 자요.
   - 알람 시계를 맞춰요.
2. 한국 친구를 사귀려고 ______________.
   - 한국 사람하고 축구해요.
   - ( )
3. 생일 선물 사려고 ______________.
   - 가게에 갔어요.
   - ( )
4. 사진을 찍으려고 ______________.
   - 카메라를 빌려요.
   - ( )
5. 약속을 잊어버리지 않으려고 ______________.
   - 손에 썼어요.
   - ( )

카드를 이용해서 이야기해 보세요.

A 왜 돈을 찾으세요?

B 친구 생일이에요. 그래서 선물 사려고 돈을 찾아요.

A 누구 생일이에요?

B 옆 반 친구요.[1] 지난 학기에 같이 공부했어요.

- ✓ 돈을 찾아요.
- 빵을 만들었어요.
- 한국어를 공부해요.
- 저녁 식사를 안 해요.
- 노트북을 샀어요.

1) 이요 p 242

MP3 5

전화를 받을 수 없는 이유 설명하기

친구와 얘기하고 있습니다. 그런데 다른 친구가 전화했습니다. 그 친구한테 어떻게 말합니까?

앤디 여보세요.

제니 앤디 씨, 저 제니예요.

앤디 아, 제니 씨, 안녕하세요?

제니 앤디 씨, 지금 통화할 수 있으세요?

앤디 미안해요. 제가 지금 친구하고 얘기하고 있어요.

제니 그래요? 죄송해요.

앤디 아니에요. 얘기가 끝난 다음에 제가 전화할게요.

제니 알겠어요. 기다릴게요.

다음을 이용해서 대화를 만들어 보세요

친구하고 얘기하다	얘기가 끝나다
저녁 식사하다	저녁 식사가 끝나다
회의하다	회의가 끝나다
일하다	일을 다 하다
다른 사람하고 전화하다	전화 통화를 끝내다

2과

읽고말하기 지각 안 하려고 일찍 일어났어요

이번 학기에 지각하셨어요?

영호 씨한테 무슨 일이 있었어요? 그림을 보고 이야기를 만들어 보세요.

사장님은 왜 화가 나셨어요?

영호 씨는 스물 아홉 살 회사원입니다. 2년 전부터 회사에 다녔습니다.

그런데 영호 씨는 요즘 매일 지각합니다.

어제 아침에 사장님이 화가 나서 영호 씨한테 말했습니다.

"내일도 지각할 거예요? 그럼, 회사를 그만두세요! 다른 회사를 알아보세요."

그래서 영호 씨는 지각하지 않으려고 밤에 알람 시계 두 개를 맞추고 잤습니다.

오늘 아침 영호 씨는 알람 소리를 듣고 일찍 일어났습니다.

아침에 시간이 있어서 아침도 먹었습니다.

그런데 버스를 탄 다음에 너무 졸려서 잤습니다.

"이번 정류장은 광화문, 광화문입니다."

버스 안내 방송을 듣고 영호 씨가 눈을 떴습니다. 사람들이 버스에서 내리고 있었습니다.

"아이구!" 영호 씨는 깜짝 놀랐습니다.

"잠깐만요, 아저씨! 저 내려요. 문 좀 열어 주세요!"

영호 씨는 회사 앞에서 내릴 수 있었습니다.

"휴우……."

영호 씨는 8시 40분에 사무실에 들어갔습니다.

"와, 영호 씨, 오늘 일찍 오셨어요!" 사무실 사람들이 깜짝 놀랐습니다.

그래서 영호 씨가 말했습니다. "오늘은 지각 안 하려고 일찍 일어났어요."

드디어 9시에 사장님이 사무실에 도착했습니다.

그런데 사장님은 영호 씨를 보고 화가 나셨습니다.

왜냐하면 영호 씨가 책상에서 자고 있었습니다.

MP3 6

2과
읽고말하기

가 맞으면 ○, 틀리면 × 하십시오.

1. 영호 씨는 두 달 전부터 회사에 다녔습니다. ( )
2. 영호 씨는 어제 처음 지각했습니다. ( )
3. 영호 씨는 오늘 지각하지 않으려고 일찍 일어났습니다. ( )
4. 영호 씨는 광화문에서 삽니다. ( )
5. 오늘 사장님이 영호 씨보다 일찍 회사에 도착했습니다. ( )

나 묻고 대답하십시오.

1. 어제 아침에 사장님은 왜 화가 났습니까?
2. 영호 씨는 일찍 일어나려고 어젯밤에 어떻게 했습니까?
3. 영호 씨는 버스에서 무슨 소리를 듣고 눈을 떴습니까?
4. 영호 씨는 어디에서 내렸습니까?
5. 영호 씨는 왜 요즘 지각할까요?[2] (생각을 이야기하세요.)

다 소리 내서 읽으십시오. 발음

• 잠깐만요, 아저씨! 저 내려요.
문 좀 열어 주세요.

라 다음을 이용해서 내용을 요약하십시오.

-으려고, -은 다음에, -고 있다

마 해 봅시다.

활동1

사장님은 오늘 영호 씨를 보고 화가 났습니다.
그 다음 이야기를 만들어 보세요.

활동2

선생님한테서[3] 그림 카드를 받으세요.
그림 순서를 바꿔서 다른 이야기를 만들어 보세요.

바 써 봅시다.

'마' 이야기를 써 보세요.

2) -을까요?, 3) -한테서 p 242

학습 목표

문법

1. -고 있다

A : 지금 통화할 수 있으세요?
B : 미안해요. 지금 회의하고 있어요.

2. -은 다음에

A : 수업 끝난 다음에 뭐 하실 거예요?
B : 점심 먹고 도서관에 갈 거예요.

3. -으려고

A : 왜 한국어를 배우세요?
B : 한국 사람하고 이야기하려고 배워요.

단어 표현

■ 동사 verb ▲ 형용사 adjective ● 명사 noun ◆ 부사 adverb □ 기타/표현 etc/expression

대화

■ 통화하다 to talk on the phone
■ 회의하다 to have a meeting for work
● 얘기 story, talk [contracted form of 이야기]
◆ 이따가 a little later within the day
□ 일을 다 하다 to finish all of one's work
□ 알겠어요. I see.
□ A 죄송해요. I'm sorry.
  B 아니에요. That's okay.

읽고 말하기

■ 그만두다 to quit one's job
■ 놀라다 to be surprised
■ 알아보다 to look into, to find more information about (something)

■ 졸리다 to be sleepy
■ 지각하다 to be late
■ 화가 나다 to be angry
● 사무실 an office
● 사장님 the president of a company
● 알람 소리 the sound of an alarm
● 스물 아홉 살 twenty nine years old
◆ 드디어 finally
□ 눈을 뜨다 to open one's eyes
□ 깜짝 놀라다 to be startled
□ 버스에서 내리다 to get off the bus
□ 알람 시계를 맞추다 to set an alarm clock
□ 휴우 whew! [sigh of fatigue or relief]
□ 와~ wow!

MP3 7

✓ Self check

친구가 ○○씨 한테 전화했습니다. 그런데 ○○씨는 지금 바빠서 대화를 할 수 없습니다. 이럴 때 친구에게 어떻게 이야기 할 거예요? ['-고 있어요', '-은 다음에'를 사용하세요]

Your friend calls you, but you're busy and aren't able to talk for long. In a situation like this, what can you say to your friend? [Remember to use '-고 있어요' and '-은 다음에'.]

Grammar Reference

❶ -고 있다
❷ -은 다음에
❸ -으려고

❶ -고 있다

1. MEANING

'-고 있다' is used to express actions in progress or repeated actions. It has the same meaning as 'to be doing (something)'. It is usually used with '지금' when it is used to express an action in progress and '요즘' when it is used to express a repeated action.

e.g. [actions in progress]
완 씨가 지금 친구하고 통화하고 있어요.
렌핑 씨가 지금 휴게실에서 인터넷하고 있어요.

[repeated actions]
히로미 씨가 요즘 요리 학원에 다니고 있어요.
투안 씨가 요즘 태권도를 배우고 있어요.

2. FORM

'-고 있다' is always attached directly to the end of the verb stem.

보다 → 보고 있어요
듣다 → 듣고 있어요

e.g. 수잔 씨가 방에서 컴퓨터로 영화를 보고 있어요.
타쿠야 씨가 요즘 아침마다 라디오를 듣고 있어요.

❷ -은 다음에

1. MEANING

'-은 다음에' is used to express doing another action after completing one action. It has the same meaning as 'after doing something' or 'after something happens'.

e.g. 점심을 먹은 다음에 커피를 마셔요.

2. FORM

1) '-은 다음에' is always attached directly to the end of the verb stem.

2) '-은 다음에' is used with verb stems ending in a consonant, and '-ㄴ 다음에' with verb stems ending in a vowel.

닫다 → 닫은 다음에
끝나다 → 끝난 다음에

e.g. 창문을 닫은 다음에 에어컨을 켜요.
수업이 끝난 다음에 아르바이트하러 가야 해요.

3) The tense is shown at the end of the sentence.

현재 (Present)	운동을 한 다음에 샤워를 해요.
과거 (Past)	운동을 한 다음에 샤워를 했어요.
미래 (Future)	운동을 한 다음에 샤워를 할 거예요.

NOTE

1. ㄷ 불규칙 (Irregular) p 251

e.g. 친구 이야기를 들은 다음에 말씀하세요.
(듣다)

2. ㄹ 불규칙 (Irregular) p 251

e.g. 한 시간쯤 논 다음에 공부할 거예요.
(놀다)

❸ -으려고

1. MEANING

'-으려고' is used to express the purpose or intention of an action. It has the same meaning as 'in order to do some action'.

2. FORM

1) '-으려고' is always attached directly to the end of the verb stem.

2) '-으려고' is used with verb stems ending in a consonant and '-려고' with verb stems

ending in a vowel.
먹다 → 먹으려고
만나다 → 만나려고

e.g. 앤디 씨가 빵을 먹으려고 손을 씻어요.
미나 씨가 친구를 만나려고 학교 앞에서 기다려요.

3. RESTRICTIONS ON USE

1) The subject of the clause preceding '-으려고' must be the same as the subject of the clause that follows.

2) The tense is shown at the end of the sentence. '-으려고' is not used with the future tense.

현재(Present)	선물하려고 케이크를 사요.
과거(Past)	선물하려고 케이크를 샀어요.
미래(Future)	선물하려고 케이크를 살 거예요.(X)

3) The clause following '-으려고' cannot be a suggestion (proposative), e.g. '같이 -아/어요', '-읍시다', '-을까요?' or command (imperative), e.g. '-으세요', '-아/어 주세요'.

The clause following -으려고	
statement (declarative)	O
question (interrogative)	O
command (imperative)	X
suggestion (proposative)	X

e.g. 기억하려고 메모하세요. (×)

NOTE

1. ㄷ 불규칙 (Irregular) p 251

e.g. 한국 노래를 들으려고 CD를 샀어요.
(듣다)

2. ㄹ 불규칙 (Irregular) p 251

ㄹ irregular verbs and adjectives are expressed by adding '-려고' to the stem[2].

e.g. 스파게티를 만들려고 고기와 토마토를 샀어요.
(만들다)

NOTE

The difference between '-으려고' and '-으러'

1. '-으러' can only take the verbs '가다/오다' and their compounds such as '들어가다/들어오다' and '나가다/나오다'.
In contrast, '-으려고' can be used with any verb including '가다/오다'.

2. -으러 can be used to make suggestions, such as -을까요?, -읍시다, 같이 ……아/어요, or to give commands, such as -으세요, -아/어 주세요. In contrast, -으려고 cannot be used for suggestions or commands.

2) With verbs and adjectives ending 'ㄹ' such as '만들다', '살다', '놀다', '알다' and '길다', the final 'ㄹ' is considered to be more of a vowel than a consonant. Therefore, instead of '-으려고', the form '려고' is used. For example, '만들려고' is the correct form, not '만들으려고'.

Everyday Greetings

- 식사하셨어요? (Have you eaten?)

When you see someone you know around mealtime, it is common to greet them by asking if they have eaten. However, this is not really a question about whether or not someone has eaten. It is a light, casual greeting.

- 반가워요 (Nice to meet you / Good to see you)

In Korean, the expressions '반가워요' (polite form) and '반갑습니다' (formal form) are not only used the first time you meet someone, but also when it has been a while since you have seen them.

- 죄송합니다 vs 미안해요 (I'm sorry)

'죄송합니다' and '미안해요' are both expressions of apology. '죄송합니다' is a more courteous expression than '미안해요' and is therefore typically used with people you do not know well. When you are apologizing to someone that you do not know or to someone who is your superior, you should use '죄송합니다'.
In Korean, '미안해요' and '죄송합니다' are only used when apologizing. Unlike English, these are not used when you are expressing sympathy for another's misfortune. You can express your sympathy with the expression '속상하시겠어요' or share your feelings without words.

- 잠깐만요 (Wait a moment / Excuse me)

This expression is used to ask someone to wait. It can also be used to ask someone to step aside. If you use this expression when you are trying to get off the elevator or subway, people will move aside for you.

3

친구 만나서 영화를 봤어요

말하기 문법 p44 -을 때
-기 전에
-아/어서②

대화 p47 일상생활 이야기하기

p49 번지 점프를 했어요

3과 말하기 문법1

-을 때

Grammar Reference ➡ p 52

대답해 보세요.

1. A 숙제해요. 그때 사전이 필요해요?
   B 네, 숙제할 때 사전이 필요해요.
2. A 집에 가요. 그때 친구하고 같이 가세요?
   B 네, 집에 ______ 친구하고 같이 가요.
3. A 불고기를 만들어요. 그때 참기름을 넣어요?
   B 네, 불고기를 ____________.
4. A 언제 앤디 씨가 전화했어요?
   B ____________.
   어제 식사하다
5. A 언제 수영하러 갈까요?
   B ____________.
   다음에 시간이 있다

같이 이야기해 보세요.

언제 기분이 좋아요?

친구하고 얘기할 때 기분이 좋아요.

	친구1	친구2
기분이 좋다	친구하고 얘기	
화가 나다		
말을 안 하다		
힘들다		
(　　　　)		

p 52 ← Grammar Reference

-기 전에

먹기 전에 손을 씻으세요.

질문해 보세요.

08:00
학교
책
화장
아침식사
샤워
06:00

1. **A** 미나 씨가 학교에 가기 전에 뭐 해요?
   B 책을 읽어요.

2. **A** 책을 읽 ______________________________?
   B 화장해요.

3. **A** ______________________________.
   B 아침을 먹어요.

4. **A** ______________________________?
   B 샤워해요.

카드를 이용해서 말해 보세요.

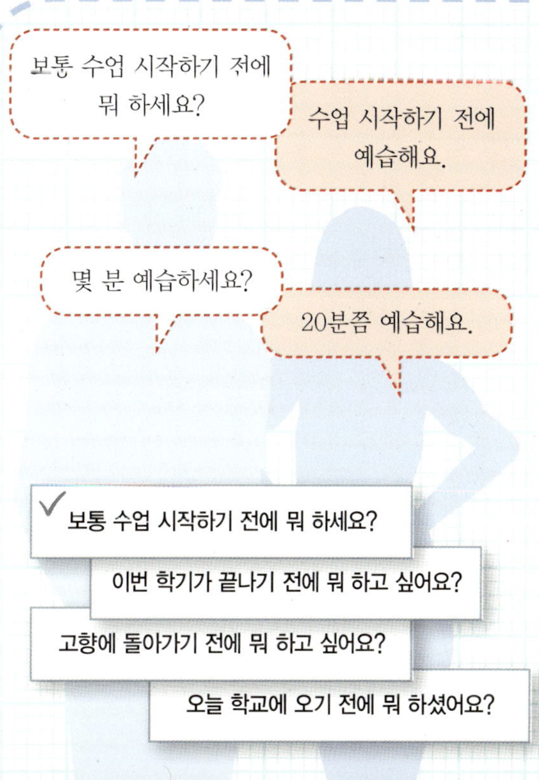
보통 수업 시작하기 전에 뭐 하세요?
수업 시작하기 전에 예습해요.
몇 분 예습하세요?
20분쯤 예습해요.
✓ 보통 수업 시작하기 전에 뭐 하세요?
이번 학기가 끝나기 전에 뭐 하고 싶어요?
고향에 돌아가기 전에 뭐 하고 싶어요?
오늘 학교에 오기 전에 뭐 하셨어요?

-아/어서②

Grammar Reference ➡ p 53

대답해 보세요.

1. **A** 집에 가서 뭐 하세요?
   B  텔레비전을 봐요.
2. **A** 학교에 일찍 와서 뭐 하세요?
   B ______________ 예습해요.
3. **A** 아침에 일어나서 뭐 하세요?
   B ______________ 물 마셔요.
4. **A** 지난 주말에 친구 만나서 뭐 하셨어요?
   B ______________ 농구했어요.
5. **A** 어제 집에 가서 뭐 하셨어요?
   B ______________.

같이 이야기해 보세요.

아침에 일어나서 뭐 하세요?

아침에 일어나서 신문을 봐요.

	친구1	친구2
아침에 일어나다		
보통 친구를 만나다		
오늘 아침에 학교에 오다		
오늘 집에 가다		

MP3 8

일상생활 이야기하기

친구 생활을 알고 싶습니다. 어떻게 말합니까?

앤디 제니 씨는 보통 몇 시에 집에 가세요?

제니 3시에 가요.

앤디 집에 가서 뭐 하세요?

제니 숙제하고 인터넷해요.

다음을 이용해서 대화를 만들어 보세요

보통	집에 가다
보통	학교에 오다
보통	일어나다
어제	집에 갔다
어제	학교에 왔다

숙제하다

인터넷하다

방을 정리하다

텔레비전을 보다

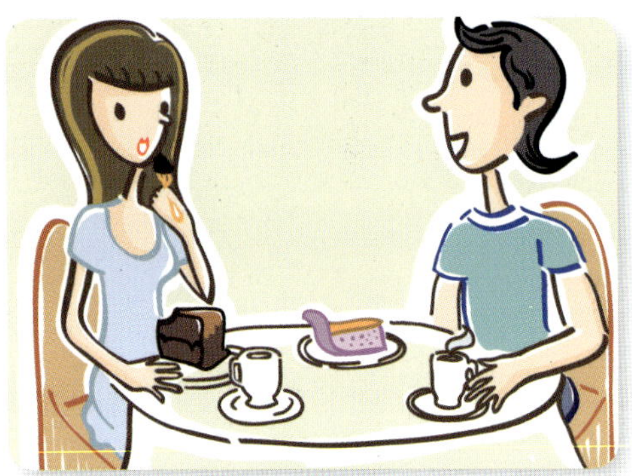

간식을 먹다

음악을 듣다

빨래하다

쉬다

번지 점프를 했어요

주말을 어떻게 보내세요?

앤디 씨는 주말에 보통 뭐 해요?

앤디 씨와 제니 씨가 지난 주말에 뭐 했어요? MP3 9

가 맞는 것에 ✓ 표시하십시오.

두 사람은 주말을 어떻게 보냈어요?

앤디

- ☐ 재미있었어요.
- ☐ 번지 점프를 했어요.
- ☐ 번지 점프가 위험했어요.
- ☐ 뛰어내릴 때 무서웠어요.

제니

- ☐ 놀이 공원에서 놀았어요.
- ☐ 동물원에 갔어요.
- ☐ 점심을 못 먹었어요.
- ☐ 일찍 갔다 왔어요.

나 묻고 대답하십시오.

1. 앤디 씨는 주말을 어떻게 보냈어요?
2. 앤디 씨는 번지 점프를 할 때 무서웠어요?
3. 제니 씨는 에버랜드에 가서 뭐 했어요?
4. 제니 씨는 왜 놀이 공원에 일찍 갔다 왔어요?
5. 마지막에 앤디 씨가 "이번 주 일요일에요?" 라고 말했어요. 왜 그렇게 말했어요?

다 잘 듣고 빈칸을 채우십시오. MP3 10

앤디 : 그렇게 일찍 나왔어요?
제니 : 네, 오후에는 에버랜드에 사람이 너무 많아서 ① ______.
그리고 서울에 ② ______
길이 많이 막혀요.
앤디 : 아, 그래요?
제니 : 앤디 씨도 에버랜드에 갈 때
아침 일찍 ③ ______.

라 잘 듣고 따라하십시오. 끊어 말하기 MP3 11

- 아침 일찍 가서 9시에 문을 열 때 들어갔어요.
- 놀이 공원에서 놀고 동물원에 가서 구경하고 12시쯤 나와서 점심 먹었어요.

마 다음 요약문을 완성하십시오.

앤디 씨는 주말에 분당에 (ㄱ　　　)서 번지 점프를 했습니다.
번지 점프가 위험하지 않았습니다. 앤디 씨는 뛰어내릴 때 (ㅁ　　　)지 않았습니다.
앤디 씨는 "뛰어내릴 때 정말 기분이 좋았어요."라고 말했습니다.
제니 씨는 주말에 친구하고 에버랜드에 갔다 왔습니다.
아침 일찍 9시에 문을 (ㅇ　　　) 때 들어갔습니다.
그리고 12시에 (ㄴ　　　)서 점심을 먹었습니다.
왜냐하면 오후에는 서울에 돌아올 때 길이 많이 (ㅁ　　　).

바 해 봅시다.

활동1
제니 씨와 앤디 씨처럼 대화를 해 보세요.

활동2
에버랜드에 가 봤어요?
가서 뭐 하고 싶어요?
누구하고 가고 싶어요?

사 써 봅시다.

재미있는 주말 이야기를 써 보세요.

문법

1. -을 때

A : 학교에 올 때 비가 왔어요?
B : 아니요, 안 왔어요.

2. -기 전에

A : 저녁 식사하기 전에 뭐 하세요?
B : 뉴스를 봐요.

3. -아/어서②

A : 일요일에 뭐 하셨어요?
B : 친구 만나서 같이 농구했어요.

단어 표현

■ 동사 verb ▲ 형용사 adjective ● 명사 noun ◆ 부사 adverb □ 기타/표현 etc/expression

대화

- ■ 빨래하다 to wash clothes
- ■ 정리하다 to put in order, to arrange
- ● 간식 a snack
- ● 놀이공원 an amusement park
- ● 동물원 a zoo
- ◆ 진짜 really
- □ 문을 열다 to open a door (to open for business for the day)
- □ 주말 잘 보냈어요? Did you have a good weekend?

듣고 말하기

- ■ 나오다 to come out of (a place)
- ■ 뛰어내리다 to jump down
- ▲ 무섭다 to be scary
- ▲ 위험하다 to be dangerous

MP3 12

✓ Self check

하루 생활을 이야기해 보세요. ['-을 때', '-기 전에', '-아/어서'를 사용하세요.]
Describe an ordinary day in your life. [Remember to use '-을 때', '-기 전에', and '-아/어서'.]

Grammar Reference

❶ -을 때
❷ -기 전에
❸ -아/어서②

① -을 때

1. MEANING

'-을 때' is used to express the time/occurrence of a particular action or state. It has the same meaning as 'when' or 'while'.

2. FORM

1) '-을 때' is used with verbs, adjectives, and '있다/ 없다'.

2) '-을 때' is used with verb stems ending in a consonant and '-ㄹ 때' is used with verb stems ending in a vowel.

NOTE

1. ㄹ 불규칙 (Irregular) p 252

e.g. 중국에서 살 때 여행을 많이 했어요.
(살다)

2. ㄷ 불규칙 (Irregular) p 251

e.g. 음악을 들을 때 기분이 좋아요.
(듣다)

3. ㅂ 불규칙 (Irregular) p 251

e.g. 날씨가 추울 때 밖에 나가지 마세요.
(춥다)
감기에 걸려요.

NOTE

Although '-을 때' and '언제' can both be translated as 'when' in English, they have different meanings and functions in Korean. The function of '-을 때' is to connect two sentences like 'the time when'. On the other hand, '언제' functions as an interrogative like 'when?' or 'what time?'.

e.g. 보통 학교에 올 때 지하철을 타요.
(=when)

언제 한국에 오셨어요?
(=when)

BONUS

When '때' is combined with certain nouns, it expresses a set time of sorts. This rule only applies to a few nouns such as '저녁', '점심', '방학', '휴가', etc.

e.g. 오늘 저녁 때 뭐 해요?
이번 방학 때 여행 가고 싶어요.

② -기 전에

1. MEANING

'-기 전에' is used to express an action that is done or occurs before another action. It has the same meaning as 'before' or 'before something happens'.

2. FORM

'-기 전에' is always attached directly to the end of the verb stem.

먹다 → 먹기 전에
오다 → 오기 전에

e.g. 음식을 먹기 전에 손을 씻어요.
히로미 씨가 한국에 오기 전에 방송국에서 일했어요.

3. RESTRICTIONS ON USE

The tense is shown at the end of the sentence.

현재 (Present)	놀러 가기 전에 숙제를 끝내요.
과거 (Past)	놀러 가기 전에 숙제를 끝냈어요.
미래 (Future)	놀러 가기 전에 숙제를 끝낼 거예요.

❸ -아/어서②

1. MEANING

'-아/어서' is used to express doing one action then a second action. It signifies that not only did the action in the following clause happened after that of the preceding clause, but also that there was a connection between both actions.

If you want to review '-아/어서①', see Sogang Korean 1 Compact series Unit 12 p 221.

2. FORM

'-아/어서' is usually used with verbs such as 가다, 오다, 일어나다, 만나다, 전화하다.

가다 → 가서

전화하다 → 전화해서

e.g. 집에 가서 숙제해요.
내일 앤디 씨한테 전화해서 약속 장소를 말해 줄 거예요.

3. RESTRICTIONS ON USE

The tense is shown at the end of the sentence.

현재 (Present)	친구를 만나서 같이 점심 먹어요.
과거 (Past)	친구를 만나서 같이 점심 먹었어요.
미래 (Future)	친구를 만나서 같이 점심 먹을 거예요.

Places to go in Seoul on the weekend

Hangang Park 한강공원

You can ride bikes along the Han River and have a picnic on the grass.

Bukchon Hanok Village 북촌 한옥마을

You can check out traditional Korean houses while taking a stroll through the alleys of this neighborhood.

Samcheongdong 삼청동

This neighborhood houses small galleries, charming museums, and lots of pretty boutique stores, restaurants, and cafes.

Naksan Park 낙산공원

Here you can take in a panoramic view of Seoul and discover pretty murals and sculptures.

Cheonggyecheon 청계천

This inner-city stream starts in Gwanghwamun. Enjoy both fountains and waterfalls as you stroll down its paths.

Sinsadong Garosugil 신사동 가로수길

This street is filled with boutique stores, hip restaurants, and atmospheric cafes. Garosugil is Gangnam's answer to Samcheongdong, making it a favorite of Seoulites living south of the river.

4

이 길로 쭉 가면 사거리가 나와요

말하기

문법 p56 -으면
-을까요? ②
-을 거예요 ②

대화 p59 길 묻고 설명하기

p61 어떤 선물을 하면 좋을까요?

-으면

Grammar Reference ➡ p 66

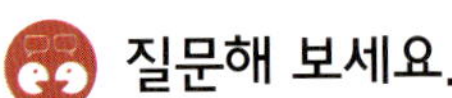

질문해 보세요.

1. A 택시를 타면 빨리 갈 수 있어요?
   택시를 타다
   B 아니요, 이 시간에는 지하철이 더 빨라요.
2. A ________________ 같이 식사할까요?
   회의가 일찍 끝나다
   B 네, 좋아요.
3. A ________________ 뭐 하고 싶어요?
   돈이 생기다
   B 여행을 가고 싶어요.

대답해 보세요.

1. A 언제 눈이 아파요?
   B ________________.
   오랫동안 책을 읽다
2. A 언제 옛날 친구가 보고 싶어요?[1)]
   B ________________.
   ✪ 옛날 음악을 듣다

카드를 이용해서 말해 보세요.

밤에 잘 수 없으면 어떻게 하세요?

밤에 잘 수 없으면 어려운 책을 읽어요.

1) 이/가 보고싶다 p 243

-을까요? ②

질문해 보세요.

1. **A** 지금 버스를 타려고 해요.
   이 시간에 교통이 복잡할까요 ?
   교통이 복잡하다
   B 글쎄요, 잘 모르겠어요.

2. **A** 중국어를 배우려고 해요.
   ______________________?
   중국어 공부가 재미있다
   B 글쎄요, 잘 모르겠어요.

3. **A** 이번 주말에 등산 가려고 해요.
   ______________________?
   날씨가 좋다
   B 글쎄요, 잘 모르겠어요.

4. **A** 이번 주 금요일에 말하기 시험이 있어요.
   ______________________?
   ✪ 시험이 어렵다
   B 글쎄요, 잘 모르겠어요.

카드를 이용해서 질문을 만들어 보세요.

-을 거예요②

Grammar Reference ➡ p 67

대답해 보세요.

1. A 미나 씨한테 주려고 꽃을 샀어요. 미나 씨가 꽃을 좋아할까요?
   B 네, 아마 좋아할 거예요.
2. A 저 시계를 사고 싶어요. 저 시계가 비쌀까요?
   B 네, 아마 ____________.
3. A 이리나 씨가 지금 도서관에 있을까요?
   B 네, 아마 ____________.
4. A 앤디 씨가 아침에 일찍 일어날까요?
   B 아니요, 아마 ____________.
5. ✪ A 요즘 호주 날씨가 추울까요?
   B 아니요, 아마 ____________.

같이 이야기해 보세요.

앤디 씨가 춤을 잘 출까요?

네, 아마 춤을 잘 출 거예요.

	친구1	친구2
앤디 씨가 춤을 잘 추다	○	
이번 시험이 쉽다		
한스 씨가 매운 음식을 먹다		
(　　　　　　　)		

MP3 13

길 묻고 설명하기

4과 말하기 대화

모르는 사람한테 길을 묻습니다. 어떻게 말합니까?

앤디	저기 죄송한데요, 이 근처에 은행 있어요?
아주머니	네, 있어요.
앤디	어떻게 가야 돼요?
아주머니	이 길로[2] 쭉 가면 사거리가 나와요.
	사거리에서 오른쪽으로 가면 있어요.
	백화점 건너편에 있어요.
앤디	얼마나 걸릴까요?
아주머니	5분쯤 걸릴 거예요.
앤디	감사합니다.

2) -으로 p 243

4과
말하기
대화

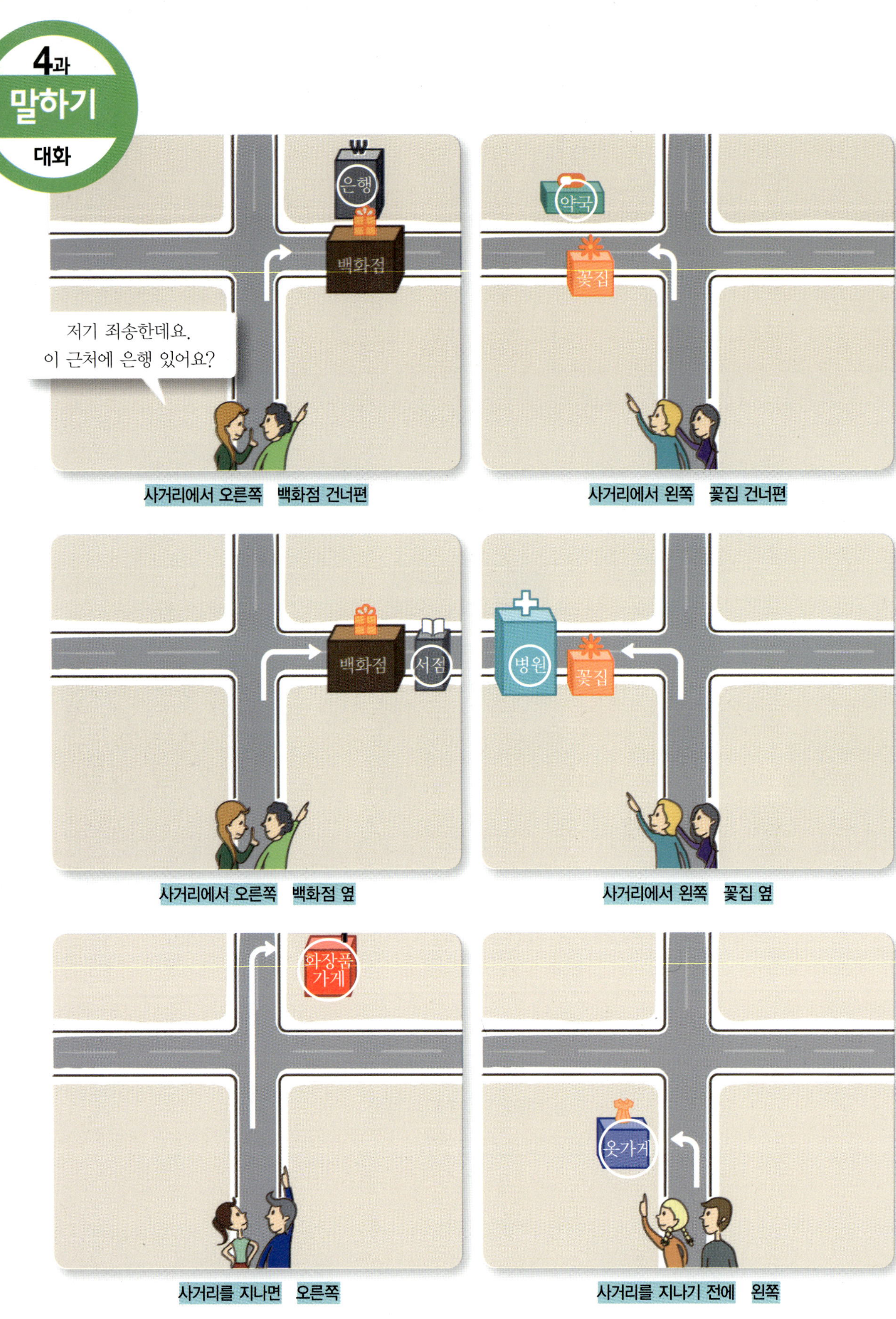
은행
백화점
저기 죄송한데요.
이 근처에 은행 있어요?
사거리에서 오른쪽 백화점 건너편
약국
꽃집
사거리에서 왼쪽 꽃집 건너편
백화점
서점
사거리에서 오른쪽 백화점 옆
병원
꽃집
사거리에서 왼쪽 꽃집 옆
화장품 가게
사거리를 지나면 오른쪽
옷가게
사거리를 지나기 전에 왼쪽

어떤 선물을 하면 좋을까요?

여러분은 어떤 생일 선물을 받고 싶어요?

이번 주 토요일은 미나 씨 생일입니다. 그래서 앤디 씨가 고민합니다.
어떤 선물이 좋을까요?

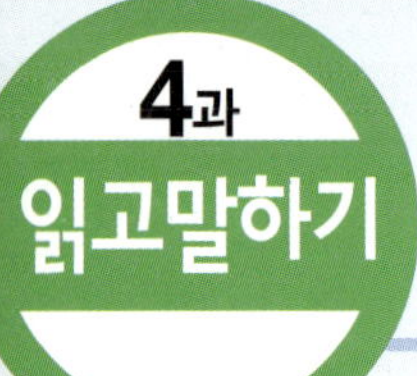

앤디 씨가 어떤 선물을 준비해요? 왜 그 선물을 준비해요?

앤디 씨는 미나 씨를 좋아합니다. 앤디 씨는 한 달 전에 미나 씨를 처음 봤습니다.

앤디 씨는 미나 씨가 마음에 들어서 또 만나고 싶었습니다.

그런데 오늘 아침 앤디 씨는 미나 씨한테서 전화를 받았습니다. 이번 주 토요일이 미나 씨 생일입니다. 미나 씨가 앤디 씨를 저녁 식사에 초대했습니다. 전화를 받은 후에 앤디 씨는 기분이 좋았습니다. 미나 씨한테 멋있는 생일 선물을 주고 싶었습니다.

하지만 좋은 선물이 생각나지 않았습니다. 앤디 씨는 하숙집 친구들한테 물어봤습니다. "미나 씨한테 어떤 선물을 하면 좋을까요?" 하숙집 친구들이 앤디 씨한테 여러 가지 선물을 추천해 줬습니다. "향수를 선물하면 좋아할 거예요." "시계를 선물하면 좋을 거예요." "미나 씨는 스카프를 좋아해요. 그러니까 스카프를 선물하세요." 오후에 앤디 씨는 선물을 사러 갔습니다. 가게에 가서 스카프도 보고 시계도[3)] 봤습니다. 그런데 스카프와 시계는 마음에 안 들어서 향수를 샀습니다.

3) -도... -도 p 243

앤디 **씨한테 무슨 문제가 생겼어요?**

쇼핑을 끝낸 다음에 앤디 씨는 기분이 좋아서 집으로 돌아왔습니다. 그런데 문제가 생겼습니다. 저녁 때 친한 친구가 미국에서 전화를 했습니다. 그 친구는 이번 주 토요일 저녁에 앤디 씨를 만나러 한국에 올 겁니다. 그 친구는 한국에 다른 친구가 없습니다. 그리고 한국말도 할 줄 모릅니다. 그래서 앤디 씨가 공항에 마중 나가야 합니다. 그런데 앤디 씨는 미나 씨 생일 파티에도 꼭 가고 싶습니다. 그래서 앤디 씨는 지금 고민하고 있습니다.

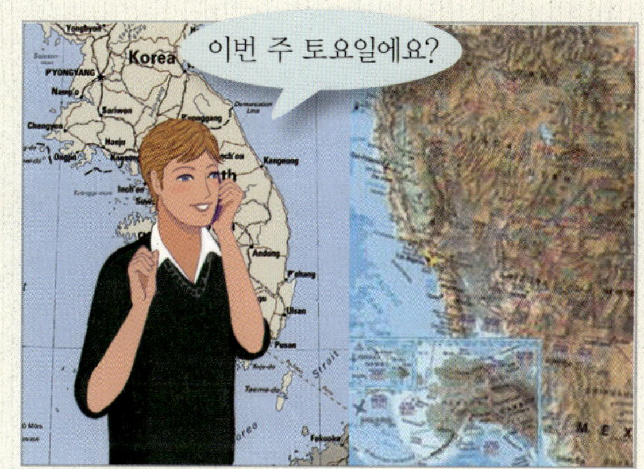

MP3 14

가 순서를 찾으십시오.

(4) → (   ) → (   ) → (   ) → (   )

1. 앤디 씨는 백화점에 가서 미나 씨 선물을 샀습니다.
2. 오늘 아침에 미나 씨가 앤디 씨한테 전화해서 앤디 씨를 저녁 식사에 초대했습니다.
3. 앤디 씨는 미국 친구한테서 전화를 받고 고민합니다.
4. 앤디 씨는 미나 씨를 한 달 전에 처음 만났습니다.
5. 앤디 씨는 좋은 생일 선물이 생각나지 않아서 하숙집 친구들한테 물어봤습니다.

나 **묻고 대답하십시오.**

1. 앤디 씨는 오늘 아침에 왜 기분이 좋았습니까?
2. 앤디 씨 하숙집 친구들은 어떤 선물을 추천했습니까?
3. 앤디 씨는 오후에 무엇을 했습니까?
4. 저녁 때 앤디 씨 친구가 전화해서 뭐라고 했습니까?
5. 앤디 씨는 왜 고민하고 있습니까?
6. 앤디 씨는 어떻게 할까요?

다 **소리 내서 읽으십시오.** 발음

- 앤디 씨는 좋은 선물이 생각나지 않았습니다.
  그래서 하숙집 친구들한테 물어봤습니다.
- 하숙집 친구들이 여러 가지 선물을 추천해 줬습니다.

라 **다음을 이용해서 내용을 요약하십시오.**

앤디 씨 / 미나 씨 / 좋아하다 / 다시 / 만나다
오늘 / 아침 / 앤디 씨 / 미나 씨 / 전화 / 받다
이번 주 / 토요일 / 미나 씨 / 생일 / 미나 씨 / 앤디 씨 / 저녁 식사 / 초대하다
앤디 씨 / 오후 / 생일 선물 / 사다 / 가다
저녁 / 앤디 씨 / 미국 친구 / 앤디 씨 / 전화하다
이번 주 / 토요일 / 친구 / 한국 / 오다 / 공항 / 마중 나가다
앤디 씨 / 지금 / 고민하다

마 **해 봅시다.**

역할극

1. 앤디 씨가 미나 씨 전화를 받아요.
2. 앤디 씨가 미국 친구 전화를 받아요.
3. 앤디 씨가 하숙집 친구하고 얘기해요.

미나 씨 생일 파티에 가야 해요.
그런데 공항에도 가야 해요.
어떻게 하면 좋을까요?

바 **써 봅시다.**

'마' 이야기를 대화로 써 보세요.

문법

1. -으면

A : 지하철을 타면 빨리 갈 수 있어요?
B : 네, 버스보다 지하철이 빨라요.

2. -을까요?②

A : 여기에서 명동까지 시간이 얼마나 걸릴까요?
B : 글쎄요. 잘 모르겠어요.

3. -을 거예요②

A : 지금 가면 사람이 많을까요?
B : 네, 아마 많을 거예요.

단어 표현

■ 동사 verb ▲ 형용사 adjective ● 명사 noun ◆ 부사 adverb □ 기타/표현 etc/expression

대화

- ● 건너편 the opposite side
- ● 꽃집 a flower shop
- ● 사거리 an intersection (of four streets)
- ● 사진관 a photography studio
- ● 편의점 a convenience store
- ● 화장품 가게 a cosmetics store
- ● 아주머니 a middle-aged woman
- □ 쭉 가다 to go straight
- □ 저기 죄송한데요. I am sorry, but...

읽고 말하기

- ■ 고민하다 to fret over, worry, consider one's options

- ■ -이/가 생각나다 to think of (something)
- ■ -에 초대하다 to invite (someone to somewhere)
- ■ 추천하다 to recommend
- ● 선물 a present, gift
- ● 스카프 a scarf
- ● 향수 perfume
- □ 마음에 들다 to like something, to be to one's taste
- □ 마중 나가다 to go out to greet someone
- □ 전화를 받다 to answer a phone call
- □ 문제가 생겼습니다 A problem came up.

MP3 15

✓ Self check

모르는 사람한테 길을 물어봐야 합니다. 어떻게 말을 걸어요?
You need to ask a stranger for directions. What expressions can you use to get their attention?

Grammar Reference

❶ -으면
❷ -을까요?②
❸ -을 거예요②

❶ -으면

1. MEANING

'-으면' is used to indicate condition or supposition. It has the same meaning as 'if-then' or 'when-then'.

2. FORM

1) '-으면' is used with verbs, adjectives, 'noun이다' and '있다/없다'.
2) '-으면' is used with stems ending in a consonant and the stems '있다/없다'.
   '-면' is used with stems ending in a vowel. In the case of 'noun이다', '-이면' is used when the noun ends in a consonant and '-면' is used when the noun ends in a vowel.

   읽다 → 읽으면
   싸다 → 싸면
   학생이다 → 학생이면
   가수다 → 가수면

e.g. 오랫동안 모니터를 보면 눈이 아파요.
물건이 싸면 살 거예요. 하지만 비싸면 사지 않을 거예요.
중학생이면 그 영화를 볼 수 없어요.

NOTE

1. ㄹ 불규칙 (irregular) p 252
   Verb stems ending in 'ㄹ' such as '만들다', '살다', '놀다' and '알다', as well as those of adjectives ending in 'ㄹ' such as '길다' take '-면', not -으면'.

   e.g. 길에서 아이 혼자 놀면 위험해요. (놀다)

2. ㄷ 불규칙 (Irregular) p 251

   e.g. 그 음악을 들으면 기분이 정말 좋아요. (듣다)

3. ㅂ 불규칙 (Irregular) p 251

   e.g. 추우면 문을 닫으세요. (춥다)

NOTE

If the subject of the subordinate clause (first clause) is different from that of the main clause (second clause), '-은/는' is not used as a subject marker in the subordinate clause, but instead the subject marker '-이/가' is used.

e.g. ① 앤디 씨가 얘기를 잘 해요. 그래서 앤디 씨가 이야기하면 사람들이 좋아해요.
② 앤디 씨가 집에 없으면 집이 조용해요.

NOTE

If the main clause (second clause) is in the past, '-으면' should not be used. instead, '-을 때' should be used.

e.g. 옛날에 회사에 다닐 때 (다니면(×)) 많은 사람들을 만났어요.
작년에 한국에 있을 때 (있으면(×)) 재미있었어요.

❷ -을까요?②

1. MEANING

'-을까요?' is used to ask for someone's guess about a certain matter or fact. It has the same meaning as 'Do you think … ?' or 'Will it be … ?'.
If you want to review '-을까요? ①', see Sogang Korean 1 Compact series Unit 11 p 219.

2. FORM

1) '-을까요?' is used with verbs, adjectives, and '있다/없다'.

2) '-을까요?' is used with stems ending in a consonant and the stems of '있다/없다'. '-ㄹ까요?' is used with stems ending in a vowel. In the case of '(noun)이다', the form is '(noun)일까요?'.

닫다 → 닫을까요?
싸다 → 쌀까요?
몇 시이다 → 몇 시일까요?

e.g. 이따가 학교 서점에 가려고 해요.
서점이 몇 시에 문을 닫을까요?
큰 가방을 하나 사려고 해요.
어디에서 사면 쌀까요?
미국 친구한테 전화하려고 해요.
미국 뉴욕은 지금 몇 시일까요?

NOTE

1. ㄹ 불규칙 (Irregular) p 252
The stems ending in 'ㄹ' such as '만들다', '살다', '놀다', '알다' and '길다' take '-까요?' not '을까요?'.

e.g. 지훈 씨가 민수 씨 이메일 주소를 알까요? (알다)

2. ㄷ 불규칙 (Irregular) p 251

e.g. A 투안 씨한테 음악 CD를 선물하고 싶어요. 투안 씨가 한국 가요를 들을까요? (듣다)
B 네, 투안 씨가 한국 가요를 좋아해요.

3. ㅂ 불규칙 (Irregular) p 251

e.g. 버스 정류장이 여기에서 가까울까요? (가깝다)

4. ㅎ 불규칙 (Irregular) p 253

e.g. A 내일 날씨가 어떨까요? (어떻다)
B 글쎄요. 모르겠어요. 인터넷으로 찾아 보세요.

❸ -을 거예요 ②

1. MEANING

'-을 거예요' is used to indicate the speaker's supposition about what something is probably like or what someone is probably doing, thinking, or feeling. It has the same meaning as 'It will probably be' or '(Someone) will probably do (something)'.
If you want to review '-을 거예요 ①', see Sogang Korean 1 Compact series Unit 7 p209.

2. FORM

1) '-을 거예요' is used with verbs, adjectives, and '있다/없다'.

2) '-을 거예요' is used with stems ending in a consonant and the stems of '있다/없다'. '-ㄹ 거예요' is used with stems ending in a vowel. In the case of '(noun)이다', the noun is used with '-일 거예요'.

닫다 → 닫을 거예요
싸다 → 쌀 거예요
3시이다 → 3시일 거예요

e.g. A 토요일에 도서관이 몇 시에 문을 닫을까요?
B 아마 5시에 닫을 거예요.
A 두꺼운 코트를 사고 싶어요. 어디에서 사면 쌀까요?
B 동대문 시장이 제일 쌀 거예요.
A 터키 앙카라는 지금 몇 시일까요?
B 오후 3시일 거예요.

NOTE

1. ㄷ 불규칙 (Irregular) p 251

e.g. A 렌핑 씨가 라디오를 들을까요?
B 아니요, 안 들을 거예요. (듣다)

2. ㅂ 불규칙 (Irregular) p 251

e.g. A 이번 시험이 어려울까요?
B 아니요, 아주 쉬울 거예요. (쉽다)

3. ㄹ 불규칙 (Irregular) p 252

e.g. A 수잔 씨가 알까요?
B 네, 알 거예요. (알다)

Public Transportation

● 버스

- 버스 정류장에서 기다리다 - to wait at a bus stop
- 버스 요금을 내다 - to pay the bus fare
- 교통 카드를 대다 - to swipe a transportation card
- 안내 방송을 듣다 - to listen to bus stop announcements
- 환승하다 - to transfer
- 벨을 누르다 - to push the bell
- "이번 정류장은 주민센터입니다". - This station is Resident Center.

● 지하철

- 노선을 확인하다 - to check the subway line information
- 줄을 서다 - to wait in line
- 지하철이 들어오다 - the train is approaching the station
- 문이 열리다 - the door is opening
- 문이 닫히다 - the door is closing
- 자리를 양보하다 - to give up one's seat to someone
- 노약자석 - seats for the elderly or people with disabilities
- 임부석 - seats for pregnant women
- "내리실 문은 오른쪽입니다." - The exit doors are on the right.

5

오늘은 바쁘니까 내일 가는 게 어때요?

문법 p70 -는 것
-기로 했어요 ①
-으니까 ①
-읍시다

대화 p74 협상하기

p75 어떤 영화를 좋아하세요?

5과 말하기 문법1

-는 것

Grammar Reference ➡ p 78

질문하고 대답해 보세요.

미나 텔레비전 보는 것 을 좋아하세요?
음악 듣는 것 을 좋아하세요?

앤디 텔레비전 보는 것 을 좋아해요.

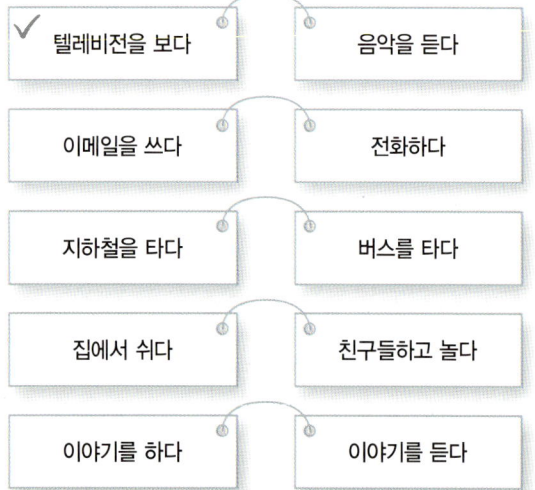

✓ 텔레비전을 보다	음악을 듣다
이메일을 쓰다	전화하다
지하철을 타다	버스를 타다
집에서 쉬다	친구들하고 놀다
이야기를 하다	이야기를 듣다

좋아하는 것을 세 개 써 보세요. 그리고 같은 것을 좋아하는 사람을 찾아보세요.

저는 춤 추는 것, 노래하는 것,
조용한 곳에서 산책하는 것을 좋아해요.
앤디 씨는 어떤 것을 좋아하세요?

저는 ……………………………
……………………………
…………………………….

3일(월)	4일(화)	5일(수)	6일(목)	7일(금)	8일(토)	9일(일)
오후, 친구하고 공부	오후 3시, 타쿠야, 테니스 (테니스장)	오후 4시, 친구, 마중(공항)	오후 3시, 제니, 영화 (신촌 극장)	저녁 6시, 이리나, 시험공부(교실)	오전 11시 반, 친구들, 여행	

대답해 보세요.

내일 오후 3시에 시간 있어요?
— 타쿠야 씨하고 테니스 치기로 했어요.

그럼, 수요일 오후는 어때요?
— 미안해요. ______________.

목요일에는 만날 수 있어요?
— 미안해요. ______________.

그럼, 금요일은요?
— 미안해요. ______________.

토요일은 어때요?
— 정말 미안해요. ______________.

그럼, 일요일에는 시간이 있어요?
— 네, 일요일에는 약속이 없어요.

친구하고 약속을 만들어 보세요.

오늘 저녁에 영화 볼까요?
좋아요. 영화 봐요.

3일(월)	4일(화)	5일(수)
영화	저녁 6시,	

다른 친구한테 그 약속을 이야기해 보세요.

매일 약속이 있어요. 월요일에 영화 보기로 했어요.
화요일에 ______________ 기로 했어요.
수요일에 ______________.

5과 말하기 문법3

-으니까 ①

Grammar Reference ➡ p 78

대답해 보세요.

1. A 금요일에 같이 여행 갈 수 있어요?
   B 네, 금요일에 쉬니까 같이 여행 갈 수 있어요.
   금요일에 쉬어요. 그러니까 같이 여행 갈 수 있어요.

2. A 자전거 타러 같이 여의도 공원에 가요.
   B 네. ________________ 나가요.
   날씨가 좋아요. 그러니까

3. A 지금 약속이 있어서 명동에 가야 해요.
   어떻게 가는 것이 좋아요?
   B ________________.
   길이 막혀요. 그러니까 지하철을 타고 가세요.

4. A 저 교실에 들어갈 수 있어요?
   B ________________.
   지금 수업하고 있어요. 그러니까 들어가지 마세요.

5. A 차를 마실까요?
   B 좋아요. 점심을 ________________
   차를 마셔요. 먹었어요. 그러니까

'-으니까'를 이용해서 식사 약속을 해 보세요.

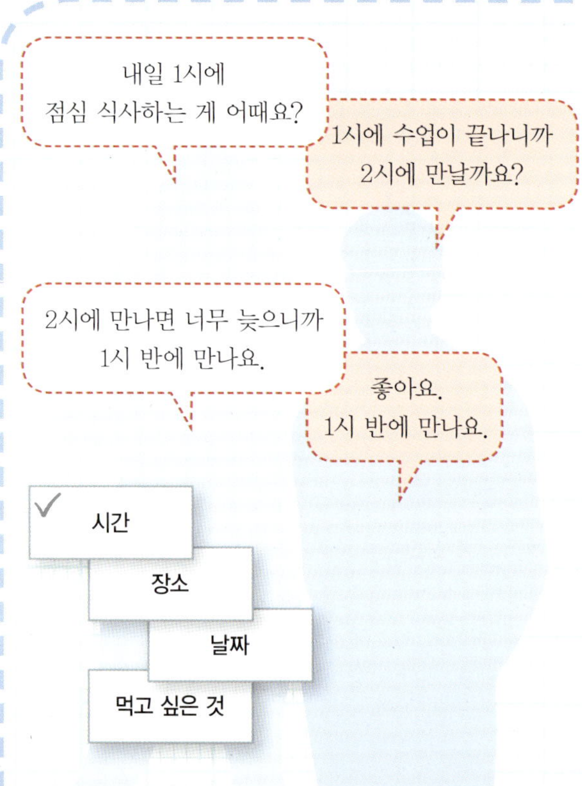

-읍시다

대답해 보세요.

1. **A** 좀 쉴까요?
   B 네, 좀 쉽시다 .
2. **A** 여기에서 사진 찍을까요?
   B 좋아요. ______________ .
3. **A** 좀 걸을까요?
   B 네, ______________ .
4. **A** 저 영화를 볼까요?
   B 저 영화는 무서우니까 보지 맙시다 .
5. **A** 여기에서 선물을 살까요?
   B 여기는 너무 비싸니까 ______________ .

친구와 약속을 만들어 보세요.

A 토요일에 소풍 가요!
B 좋아요. 어디 갈까요?
A 서울랜드 어때요?
B 네, 좋아요. 토요일에 어디에서 만날까요?
A 학교 앞에서 만납시다.

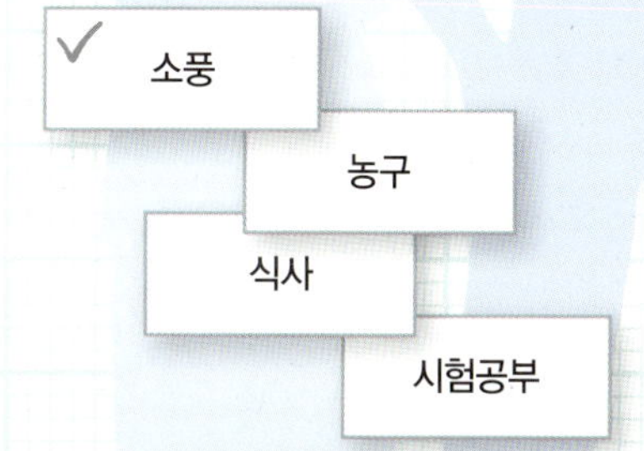

5과
말하기
대화

협상하기

MP3 16

친구가 여러분과 같이 영화를 보고 싶어합니다. 하지만 여러분은 오늘 다른 일이 있습니다.
그때 어떻게 말합니까?
오늘은 바쁘니까 내일 가요.
오늘 같이 영화 보러 갈 수 있어요?
수퍼맨 리
클래식

타쿠야	오늘 같이 영화 보러 갈 수 있어요?
미나	미안해요. 오늘은 바쁘니까 내일 가요!
타쿠야	좋아요. 내일 가요. 그런데 무슨 영화 볼까요?
미나	〈슈퍼맨〉 어때요?
타쿠야	그건 제가 지난주에 봤으니까 다른 영화 봐요!
미나	그럼, 〈클래식〉 볼까요?
타쿠야	네, 좋아요. 그 영화 봅시다.

바쁘다

시간이 없다

다른 약속이 있다

공부해야 하다

할 일이 많다

할 일이
[할리리]

어떤 영화를 좋아하세요?

여러분은 어떤 영화를 보고 싶으세요?

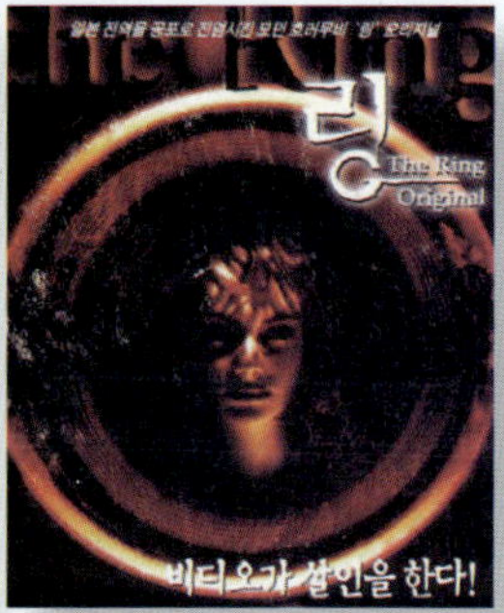

한스 씨는 어떤 영화를 보고 싶어해요?

두 사람은 어떤 영화를 볼까요? MP3 17

가 맞으면 ○, 틀리면 × 하십시오.

1. 완 씨는 무서운 영화를 좋아해요. (　)
2. 〈링〉에는 장동건 씨가 나와요. (　)
3. 〈태극기〉는 표가 다 팔렸어요. (　)
4. 요즘 〈타이타닉〉이 인기가 많아요. (　)
5. 완 씨는 지난주에 타쿠야 씨하고 〈타이타닉〉을 봤어요. (　)

나 알맞은 답을 찾으십시오.

1. 완 씨와 한스 씨는 〈링〉을 보기로 했어요?
2. 완 씨는 왜 〈태극기〉를 보고 싶어했어요?
3. 완 씨와 한스 씨는 왜 〈태극기〉를 볼 수 없었어요?
4. 마지막에 한스 씨가 "뭐라고요?" 라고 했어요. 왜 그렇게 말했어요?
5. 한스 씨는 완 씨와 같이 〈타이타닉〉을 볼 수 있을까요?

다 잘 듣고 빈칸을 채우십시오. MP3 18

한스 : 완 씨, 어떻게 하지요? 표가 다 ① ________.
완 : 다음 ② ________ 도 없어요?
한스 : 네, 다음 ② ________ 도 다 ① ________.

라 잘 듣고 따라하십시오. 억양 MP3 19

- 좋은 영화가 많은데요!
  뭐 보는 게 좋을까요?
- 뭐라고요? 타쿠야 씨하고요?

마 다음 요약문을 완성하십시오.

완 씨와 한스 씨는 영화를 보러 (ㅇ　　　)에 갔습니다. 완 씨는 (ㅁ　　　) 영화를 싫어해서 〈링〉을 보고 싶어하지 않았습니다. 그래서 두 사람은 〈태극기〉를 보기로 했습니다. 그 영화에는 유명한 (ㅂ　　　)가 나옵니다. 그런데 영화 표가 다 (ㅍ　　　)서 볼 수 없었습니다. 다음 (ㅎ　　　)도 표가 없었습니다. 한스 씨는 완 씨한테 말했습니다. "〈타이타닉〉을 보는 게 어때요?" 하지만 완 씨는 타쿠야 씨하고 그 영화를 보기로 해서 한스 씨하고 볼 수 없었습니다.

바 해 봅시다.

역할극

완 씨와 한스 씨가 다른 영화관에 갔어요.
두 사람의 대화를 해 보세요.

사 써 봅시다.

완 씨와 한스 씨의 이야기를 써 보세요.

학습 목표

문법

1. -는 것

A : 노래하는 것을 좋아하세요?
B : 아니요. 좋아하지 않아요.

2. -기로 했어요①

A : 이번 주말에 영화 볼까요?
B : 미안해요. 이번 주말에 친구하고 여행 가기로 했어요. 다음에 같이 봐요.

3. -으니까①

A : 날씨가 좋으니까 같이 테니스 쳐요.
B : 좋아요.

4. -읍시다

A : 어디에서 만나는 게 좋을까요?
B : 지하철 역에서 만납시다.

단어 표현

■ 동사 verb ▲ 형용사 adjective ● 명사 noun ◆ 부사 adverb □ 기타/표현 etc/expression

대화

- □ 할 일이 많다 — to have a lot of work to do
- □ 그건 — It, that [contracted form of 그것은]
- ● 회 — a showing, an event/occurrence (that will happen multiple times)
- ▲ 유명하다 — to be famous
- □ 다 팔렸어요 — to be sold out
- □ 그 영화에 누가 나와요? — Who appears in the movie?
- □ 뭐라고요? — What did you say?
- □ 어떻게 하지요? — What should I do?

듣고 말하기

- ● 포스터 — a poster
- ● 표 — a ticket

MP3 20

✓ Self check

친구가 오늘 저녁에 ○○씨와 같이 영화를 보고 싶어합니다. 그런데 ○○씨는 오늘 저녁에 다른 약속이 있습니다. 친구한테 어떻게 말해야 해요? ['-기로 했어요', '-으니까', '-읍시다' 를 사용하세요.]

Your friend wants to see a movie with you tonight but you already have other plans. What should you say to your friend? [Remember to use '-기로 했어요', '-으니까', and '-읍시다'.]

Grammar Reference

❶ -는 것
❷ -기로 했어요 ①
❸ -으니까 ①
❹ -읍시다

❶ -는 것

1. MEANING

'-는 것' is used to change verbs into noun-like subjects or objects of a sentence. It has the same function as '-ing', which is attached to the stems of verbs to make gerunds in English.

e.g. 친구하고 한국말로 이야기하는 것이 재미있어요.

2. FORM

'-는 것' is always attached directly to the end of the verb stem.

찾다 → 찾는 것
보다 → 보는 것

e.g. 좋은 하숙집을 찾는 것이 어려워요.
저는 밤 늦게 영화 보는 것을 좋아해요.

NOTE

ㄹ 불규칙 (Irregular) p 252

e.g. 아이들은 밖에서 노는 것을 아주 좋아해요.
(놀다)

NOTE

When you use '것' with '-이' or '-을' in speech, it is usually shortened from '것이' to '게' or from '것을' to '걸'. These shortened forms are used more often than the longer forms in most conversations.

하는 것이 → 하는 게
하는 것을 → 하는 걸

e.g. 오늘 같이 점심 식사 하는 게 어때요?
제 친구는 사진 찍는 걸 싫어해요.

❷ -기로 했어요①

1. MEANING

'-기로 했어요' is used to express an appointment or a promise made with someone else. It has the same meaning as 'to promise to do (something)'. This form is usually expressed in the past tense because it describes an appointment made with someone in the past, although the plan being discussed will take place in the future.

2. FORM

'-기로 했어요' is always attached directly to the end of the verb stem.

놀다 → 놀기로 했어요
보다 → 보기로 했어요

e.g. 주말에 친구들하고 놀기로 했어요.

❸ -으니까①

1. MEANING

'-으니까①' is used to express a reason for an action or state. It has the same meaning as 'since' or 'because'. The subordinate clause (first clause) expresses the reason, and the main clause (second clause) expresses the result.

2. FORM

1) '-으니까' is used with verbs, adjectives, 'noun 이다', and '있다/없다'.

2) '-으니까' is used with stems ending in a consonant and '있다/없다'.
'-니까' is used with stems ending in a vowel.
In the case of 'noun이다', nouns that end in a consonant are used with '-이니까', and nouns that end in a vowel are used with '-니까'.

읽다 → 읽으니까
바쁘다 → 바쁘니까
학생이다 → 학생이니까

e.g. 오늘은 바쁘니까 주말에 만나는 게 어때요?
저는 학생이니까 돈이 별로 없어요.

3) '-으니까' can also combine with the past tense marker to describe a past event or state.

읽다 → 읽었으니까
바쁘다 → 바빴으니까
공부하다 → 공부했으니까
학생이다 → 학생이었으니까

e.g. 이 책을 다 읽었으니까 앤디 씨한테 빌려 줄 수 있어요.
열심히 공부했으니까 시험을 잘 볼 수 있을 거예요.

NOTE

1. ㄹ 불규칙 (Irregular) p 252

e.g. 소라 씨가 지훈 씨 연락처를 아니까 소라 씨한테 지훈 씨 연락처를 물어보세요.
(알다)

2. ㄷ 불규칙 (Irregular) p 251

e.g. 선생님 말을 못 알아들으니까 수업이 힘들어요.
(듣다)

3. ㅂ 불규칙 (Irregular) p 251

e.g. 밖이 추우니까 두꺼운 옷을 입으세요.
(춥다)

NOTE

The difference between '-으니까' and '-아/어서'

1. Unlike '-으니까', '-아/어서' cannot combine with the past tense suffix.

-으니까	책을 다 읽었으니까 빌려 줄 수 있어요.
-아/어서	책을 다 읽어서 빌려줄 수 있어요.

2. The clause following '-으니까' can express a command or a suggestion, but the clause following '-아/어서' cannot.

명령 (command)	이 시간에 길이 막히니까 지하철을 타세요. (막혀서)

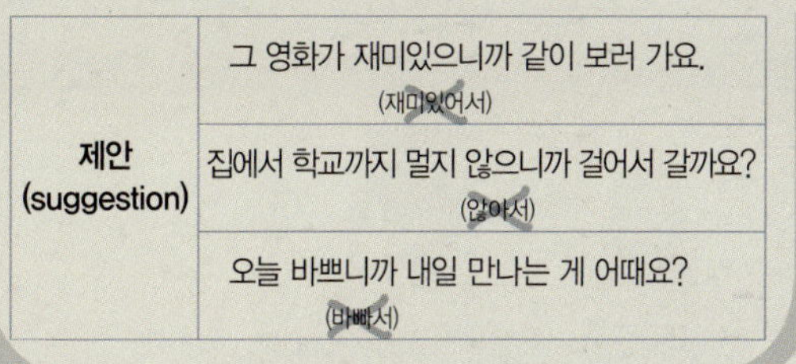

제안 (suggestion)	그 영화가 재미있으니까 같이 보러 가요. (재미있어서)
	집에서 학교까지 멀지 않으니까 걸어서 갈까요? (않아서)
	오늘 바쁘니까 내일 만나는 게 어때요? (바빠서)

4 -읍시다

1. MEANING

'-읍시다' is used to express a suggestion or proposition. It has the same meaning as 'Let's do (something)', and it is also similar to '-을까요?', '같이 ··· -아/어요', '-는 게 어때요?'.

e.g. A 어디에서 만날까요?
B 도서관 앞에서 만납시다.

The negative form of '-읍시다' is '-지 맙시다'.

e.g. 비가 오니까 밖에 나가지 맙시다.
수업 시간에 음식을 먹지 맙시다.

'-읍시다' is also used to express agreement with or acceptance of another's suggestion.

e.g. A 무슨 영화 볼까요?
B 〈태극기〉를 보는 게 어때요?
A 좋아요. 〈태극기〉를 봅시다.

2. FORM

1) '-읍시다' is always attached directly to the verb stem.

2) '-읍시다' is used with verb stems ending in a consonant and '-ㅂ시다' with verb stems ending in a vowel.

앉다 → 앉읍시다　　출발하다 → 출발합시다

e.g. 저기 자리가 있으니까 가서 앉읍시다.
준비가 끝났으니까 이제 출발합시다.

NOTE

1. ㄹ 불규칙 (Irregular) p 252

e.g. 더우니까 문을 좀 엽시다.
(열다)

2. ㄷ 불규칙 (Irregular) p 251

e.g. 날씨가 좋으니까 좀 걸읍시다.
(걷다)

Korean movies that international viewers often enjoy

The King and the Clown (**왕의 남자**) – This historical drama, set during the Joseon Dynasty, is about two jesters and what happens after they join the king's court. For them, work is play and having nothing means living with nothing to lose. The two proclaim that, even if they were born again, they would choose to be born not as kings but as clowns.

Spring, Summer, Fall, Winter… and Spring (**봄 여름 가을 겨울 그리고 봄**) – Director Kim Ki-duk's film about the seasons of life takes the four seasons as its backdrop. The film depicts the stages of life of an apprentice monk, following his childhood, adolescence, adulthood, and his later years in a temple floating on a mysterious lake.

Taegukgi: Brotherhood of War (**태극기 휘날리며**) – Set in 1950, this film tells the tragic story of a once peaceful family that is devastated by the Korean War. Painting a realistic picture of the war, this film shows the relationship between two brothers who are caught on opposing sides.

6

여기에서 통화하면 안 돼요

문법 p82 -아/어도 되다
-으면 안 되다

대화 p84 금지 말하기

p85 이것을 알아 두세요

-아/어도 되다

Grammar Reference ➡ p 89

질문해 보세요.

1. A 펜 좀 써도 돼 요? (쓰다)
   B 네, 그러세요.
2. A 방이 어두워요. 불 좀 ______? (켜다)
   B 네, 그러세요.
3. A 방이 더워요. 창문 좀 ______? (열다)
   B 네, 그러세요.
4. A 목이 말라요[1]. 물 좀 ______? (마시다)
   B 네, 그러세요.
5. A 중요한 약속이 있어요. 지금 ______? (가다)
   B 네, 그러세요.

카드를 이용해서 이야기해 보세요.

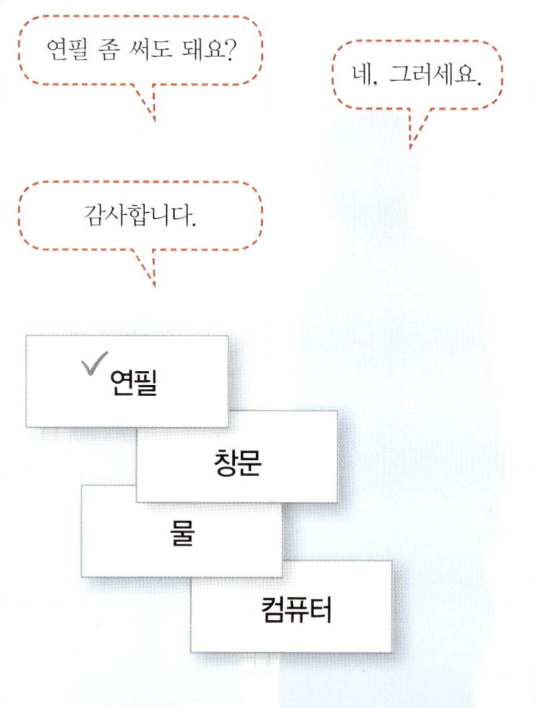

1) 목이 마르다 (르 불규칙) p 244

p 89 Grammar Reference

-으면 안 되다

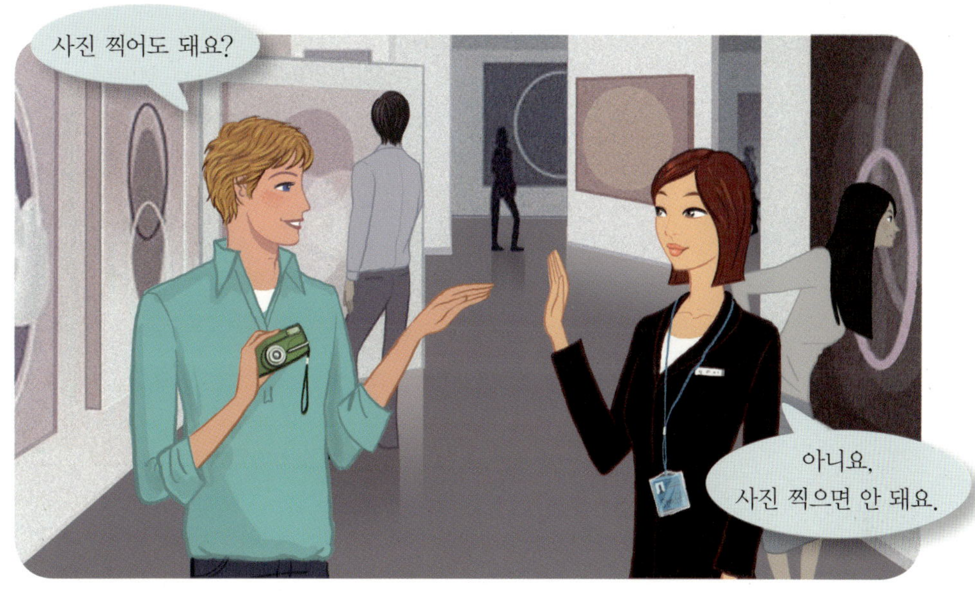

대답해 보세요.

1. **A** 여기에서 전화해도 돼요?
   B 아니요, 여기에서 전화하면 안돼요 .

2. **A** 수업 시간에 물 마셔도 돼요?
   B 네, 수업 시간에 ______________________.

3. **A** 수업 시간에 음식을 먹어도 돼요?
   B 아니요, 수업 시간에 ______________________.

4. **A** 수업 시간에 문자 메시지 보내도 돼요?
   B 아니요, 수업 시간에 ______________________.

5. **A** 담배 좀 피워도 돼요?
   B 아니요, ______________________.

카드를 이용해서 이야기해 보세요.

6과 말하기 대화

금지 말하기

여기는 통화하면 안 되는 장소입니다. 통화하는 사람을 보면 어떻게 말합니까?

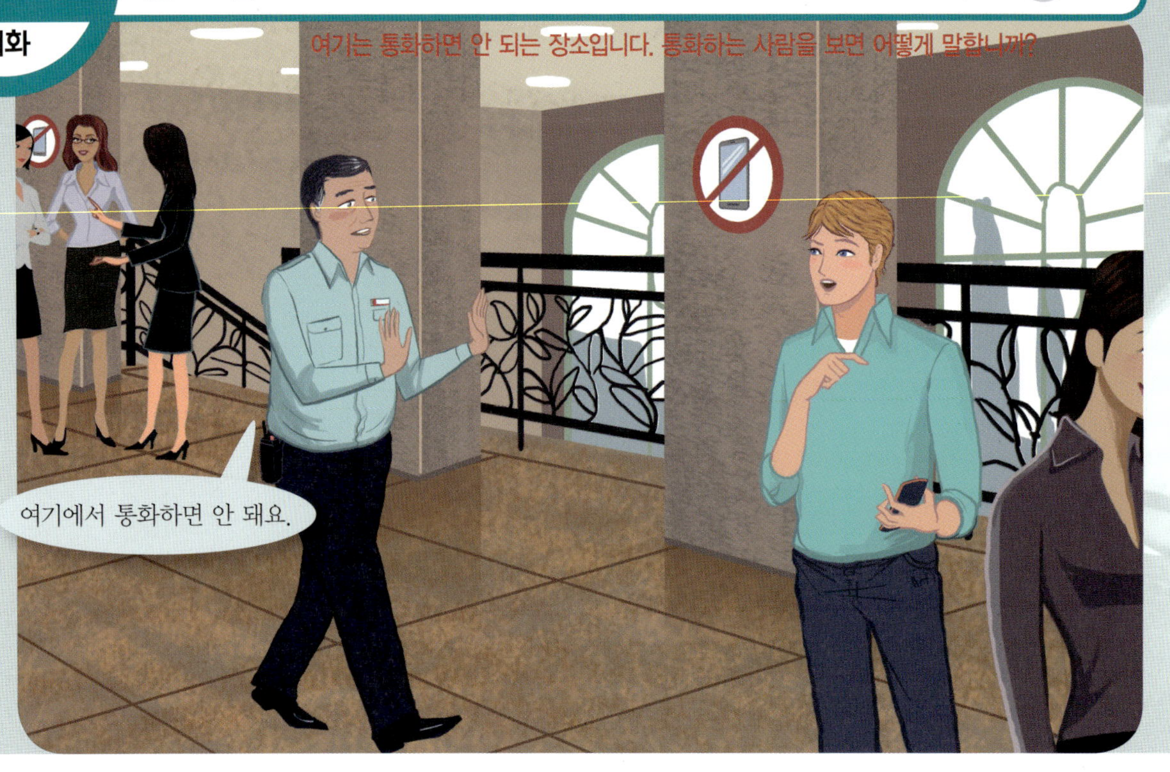

아저씨 저기요, 여기에서 통화하면 안 돼요.

앤디 그래요? 죄송합니다.

아저씨 휴게실에 가 보세요. 거기에서는[2] 통화해도 돼요.

앤디 네, 알겠습니다.

여기에서 통화하다

여기에서 큰 소리로 얘기하다

여기에서 음식을 먹다

여기에서 담배를 피우다

여기에 광고를 붙이다

2) -에서는 p 244

이것을 알아 두세요

한식을 자주 드세요?

여러분 나라하고 같아요? 달라요?

㉠ 밥과 국을 숟가락으로 먹어요.

㉡ 나이가 많은 사람이 먼저 식사를 시작해요.

㉢ 찌개가 한 그릇에 나와요.

㉣ 식당에 가면 반찬과 물이 무료예요.

㉤ 식사할 때 코를 풀면 안 돼요.

제목을 ㉠~㉤에서 찾으세요.

1

㉠ 밥과 국을 숟가락으로[3] 먹어요.

한국에서는 식사할 때 숟가락과 젓가락을 모두 사용해요. 밥과 국을 먹을 때에는 숟가락을 사용하고 반찬을 먹을 때에는 젓가락을 사용해요. 그리고 그릇을 손에 들고[4] 먹으면 안 돼요. 이것이 일본하고 중국과 달라요.

2

한국에서는 친한 사람들끼리[5] 식사하면 찌개를 한 그릇에 같이 먹어요. 이렇게 먹는 것이 싫으면 개인 접시를 사용해도 돼요. 하지만 국은 한 그릇에 같이 먹지 않아요.

3

한국에서는 나이가 중요해요. 그래서 식사할 때에도 나이 많은 사람이 식사를 시작한 다음에 먹어야 해요. 그리고 나이가 많은 사람이 식사를 끝내기 전에 나이가 어린 사람이 자리에서 일어나면 안 돼요.

4

한국 사람들은 식사할 때 식탁에서 코를 풀지 않아요. 식사할 때 코를 푸는 것은 예의가 아니에요. 코를 풀고 싶으면 잠깐 다른 곳으로 가야 해요.

5

한국에서는 식당에 가면 반찬과 물이 무료예요. 그러니까 반찬과 물을 시키지 않아도 돼요. 그리고 반찬이나 물이 더 필요하면 식당 종업원한테 말씀하세요. 그러면 더 갖다 줄 거예요.

MP3 22

3) -으로, 4) -고, 5) -끼리 p 244

가 맞으면 ○, 틀리면 × 하십시오.

1. 한국에서 식사할 때에는 밥 그릇을 손에 들고 먹어야 돼요. ( )
2. 친한 사람들끼리 국을 한 그릇에 같이 먹어요. ( )
3. 식당에서 반찬과 물을 더 먹으면 돈을 내야 해요. ( )
4. 나이가 많은 사람이 먼저 식사를 시작해요. ( )
5. 한국에서 식사할 때 코를 푸는 것은 예의가 아니에요. ( )

나 묻고 대답하십시오.

1. 한국에서는 언제 숟가락을 사용해요?
2. 한국에서는 찌개를 언제나 한 그릇에 같이 먹어요?
3. 한국 식당에서는 반찬을 시켜야 해요?
4. 한국에서는 나이 많은 사람과 식사할 때 어떻게 해야 해요?
5. 한국에서는 식사할 때 코를 풀어도 돼요?

다 소리 내서 읽으십시오. 끊어 읽기

- 한국에서는 친한 사람들끼리 식사하면 찌개를 한 그릇에 같이 먹어요.
- 한국 사람들은 식사할 때 식탁에서 코를 풀지 않아요.

라 다음을 이용해서 내용을 요약하십시오.

숟가락, 젓가락	밥 / 국 / 먹다 / 숟가락 / 사용하다 / 반찬 / 먹다 / 젓가락 / 사용하다
찌개	친하다 / 사람들 / 찌개 / 한 / 그릇 / 같이 / 먹다
나이	나이 / 많다 / 사람 / 먼저 / 식사 / 시작하다
코	식사하다 / 코 / 풀다 / 예의 / 아니다
식당	식당 / 반찬 / 물 / 무료 / 나오다

마 해 봅시다.

여러분 나라의 식사 예절, 식당 문화에 대해서 같이 이야기해 보세요.

바 써 봅시다.

여러분 나라의 식사 예절은 어때요?
어떤 것을 해도 돼요? 어떤 것을 하면 안 돼요?
여러분 나라의 식사 예절에 대해서 써 보세요.

문법

1. -아/어도 되다
A: 창문 좀 열어도 돼요?
B: 그럼요.

2. -으면 안 되다
A: 여기에서 음식을 먹으면 안 돼요.
B: 아, 네. 죄송합니다.

단어 표현

■ 동사 verb ▲ 형용사 adjective ● 명사 noun ◆ 부사 adverb □ 기타/표현 etc/expression

대화

- ■ 붙이다 to stick on (to something)
- ● 광고 an advertisement
- ● 휴게실 lounge, common room
- □ 큰소리로 in a loud voice

읽고 말하기

- ● 개인 접시 personal plate
- ● 국 soup
- ● 무료 free, no charge
- ● 반찬 side dishes
- ● 밥 cooked rice
- ● 식탁 a (dining) table
- ● 예의 courtesy, etiquette
- ● 젓가락 chopsticks
- ● 숟가락 spoon
- ● 찌개 a stew
- ● 그릇 a bowl, a dish
- ● 종업원 an employee
- ▲ -이/가 필요하다 to need
- ◆ 그러면 then, if so
- ■ 시키다 to order (food)
- □ 나이가 어리다 to be young
- □ 손에 들다 to hold in one's hand
- □ 음식이 나오다 for food to come out
- □ 자리에서 일어나다 to get up from one's seat
- □ 코를 풀다 to blow one's nose

MP3 23

✓ Self check

○○ 씨 나라에서 처음 만난 사람한테 나이를 물어봐도 돼요? 어떤 질문을 하면 안 돼요? ['-아/어도 돼요', -으면 안 돼요' 를 사용하세요.]

In your home country, is it acceptable to ask someone that you have just met how old they are? What questions is it better not to ask in this kind of situation? [Remember to use '-아/어도 돼요' and '-으면 안 돼요'.]

Grammar Reference

❶ -아/어도 되다
❷ -으면 안 되다

❶ -아/어도 되다

1. MEANING

'-아/어도 되다' is used to ask for or to give permission to do something. It has the same meaning as 'may I do (something)' or '(someone) may do (something)'.

2. FORM

1) '-아/어도 되다' is always attached directly to the end of the verb stem.

2) '-아도 되다' is used when verb stems involve 'ㅏ, ㅗ', and '-어도 되다' is used with all other verb stems.

나가다 → 나가도 돼요
먹다 → 먹어도 돼요
전화하다 → 전화해도 돼요

e.g. 일찍 나가도 돼요.
A 이 사과를 먹어도 돼요?
B 그럼요. 먹어도 돼요.
A 앤디 씨, 집에 늦게 전화해도 돼요?
B 네, 늦게 전화해도 돼요.

NOTE

1. ㄷ 불규칙 (Irregular) p 251

e.g. A 음악을 들어도 돼요?
(듣다)
B 네, 괜찮아요.

2. 르 불규칙 (Irregular) p 252

e.g. A 여기에서 노래를 불러도 돼요?
(부르다)
B 아니요, 안 돼요.

3. 으 불규칙 (Irregular) p 251

e.g. A 이 컴퓨터 좀 써도 돼요?
(쓰다)
B 네, 쓰세요.

❷ -으면 안 되다

1. MEANING

'-으면 안 되다' is used to express refusal of permission or a prohibition against doing something. It has the same meaning as '(someone) may not do (something)'.

2. FORM

1) '-으면 안 되다' is always attached directly to the end of the verb stem.

2) '-으면 안 되다' is used with verb stems ending in a consonant and '-면 안 되다' with verb stems ending in a vowel.

앉다 → 앉으면 안 돼요
가다 → 가면 안 돼요

e.g. 여기 앉으면 안 돼요.
A 선생님을 만나러 지금 가도 돼요?
B 아니요, 지금 가면 안 돼요.
지금은 바쁘세요.

NOTE

1. ㄹ 불규칙 (Irregular) p 252
Verb stems ending in 'ㄹ' such as '만들다', '살다', '놀다' take '-면 안 되다', not '으면 안되다'.

e.g. 내일 시험이니까 오늘 놀면 안 돼요.
(놀다)

2. ㄷ 불규칙 (Irregular) p 251

e.g. 여기에서 음악을 들으면 안 돼요.
(듣다)

Is it ok if I...? No, you can't

1. Taking off shoes before entering someone's home

Shoes should be taken off in the entryway of the house. You should not wear shoes inside someone's house.

2. Giving up one's seat for the elderly and people with disabilities

On both buses and subways, separate seats are reserved specifically for the elderly, disabled, and pregnant. When there are no such people around, it is acceptable to sit in these seats, but you should immediately give up your seat if an elderly, disabled, or pregnant person gets on the bus or subway later.

3. Drinking culture

- When drinking, you should be sure to refill other people's glasses as soon as they are emptied.
- When your glass is empty, you should not refill your own glass but rather wait for someone to refill your glass for you. For this reason, all parties should pay attention to each other's glasses.
- Use both hands when pouring alcohol into an elder's glass.
- When an elder is pouring you alcohol, wrap one hand around the glass and place the other under the bottom of the glass.
- When drinking alcohol in front of someone who is older than you, turn your head away from them before taking a drink.

7

무슨 색으로 보여 드릴까요?

문법 p92 -아/어 드릴까요?
이/저/그

대화 p94 옷 사기

p95 큰 배낭 있으면 좀 보여 주세요

7과 말하기 문법1

-아/어 드릴까요?

Grammar Reference ➡ p 100

질문해 보세요.

1. A 동전이 없으세요?
   제가 커피 사 드릴까요 ?
   사다
   B 네, 사 주세요.

2. A 가방이 무거우세요?
   제가 ______________ ?
   들다
   B 아니요, 괜찮아요.

3. A 저한테 우산이 두 개 있어요.
   ______________ ?
   빌리다
   B 네, 빌려 주세요.

4. A 숙제가 많아요?
   제가 ______________ ?
   ✪ 돕다
   B 네, 도와주세요.

카드를 이용해서 이야기해 보세요.

A 이번 일요일에 이사할 거예요.
B 그래요? 제가 도와 드릴까요?
A 도와줄 수 있어요? 고마워요.
B 몇 시에 갈까요?
A 10시에 와 주세요.

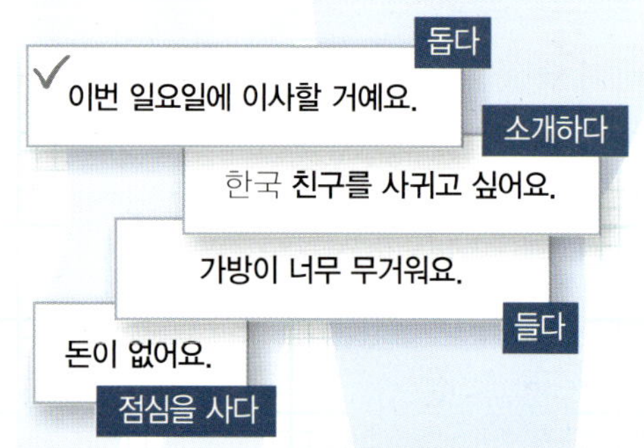

이/저/그

저게 누구 차예요?
수잔 씨 차예요.

그게 뭐예요?
앤디 씨 생일 선물이에요.

 대답해 보세요.

1

A 그 가방이 누구 거예요?
B 이 가방은 소라 씨 거예요.

2

A 어디에서 샀어요?
저도 이런 옷 사고 싶어요.
B 동대문에 가면 ______ 옷 많아요.

3

A ______ 탈 수 있어요?
B 아니요, 저렇게 못 타요.

4

A ______ 할 수 있어요?
B 아니요, 그렇게 못 해요.

같이 이야기해 보세요.

교실에 있는 사람, 물건을 이용하세요.

그런 신발 어디에서 살 수 있어요?

저분이 누구예요?

이렇게 할 수 있어요?

옷 사기

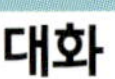

옷 가게에서 옷을 사려고 합니다. 어떻게 말합니까?

점원 어서 오세요. 손님, 뭐 찾으세요?
지훈 반바지 있어요?

점원 무슨 색으로 보여 드릴까요?
지훈 베이지색[1]이요.

점원 네, 이쪽으로 오세요. 이거 어떠세요?
지훈 입어 봐도 돼요?
점원 물론이지요. 저쪽에서 입어 보세요.
…

점원 잘 어울리세요, 손님.
지훈 그래요? 그럼, 이걸로 주세요.

반바지

반팔 티셔츠

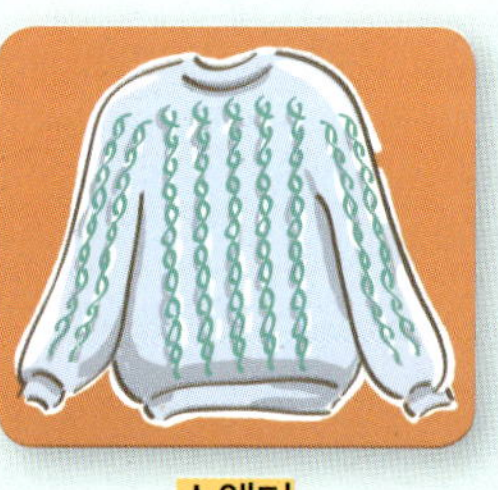
스웨터

코트

1) 색깔 p98

큰 배낭 있으면 좀 보여주세요.

지금 어떤 가방을 사용하세요? 여러분은 가방을 살 때 뭐가 중요해요? ✓표시해 보세요.

☐ 편리해요.	☐ 가벼워요.	☐ 짐이 많이 들어가요.
☐ 디자인이 멋져요.	☐ 주머니가 있어요.	☐ 방수가 돼요.
☐ 튼튼해요.	☐ 유명한 브랜드예요.	☐ 값이 싸요.

지훈 씨가 가방 가게에 왔습니다. 어떤 가방을 사려고 해요?

가게 주인이 지훈 씨한테 가방을 몇 개 보여 줬어요? MP3 25

가 맞는 것에 ✓ 표시하십시오.

첫 번째 배낭

크다 / 작다
가볍다 / 무겁다
주머니 ○ / 주머니 ×
튼튼하다 / 약하다
방수가 되다 / 안 되다

두 번째 배낭

크다 / 작다
가볍다 / 무겁다
주머니 ○ / 주머니 ×
튼튼하다 / 약하다
방수가 되다 / 안 되다

나 묻고 대답하십시오.

1. 지훈 씨는 왜 배낭을 사려고 해요?
2. 지훈 씨가 처음에 어떤 배낭을 봤어요?
3. 두 번째 배낭은 어땠어요?
4. 지훈 씨가 왜 배낭을 사지 않았어요?
5. 지훈 씨가 그 가게에서 배낭을 사고 싶지 않았어요.
   그래서 가게 주인한테 뭐라고 했어요?
6. 여러분이 지훈 씨라면 어떤 배낭을 살 거예요?

다 잘 듣고 빈칸을 채우십시오. MP3 26

지훈 : 외국에 여행을 가려고 하는데요.
① ________ 있으면 좀 보여 주세요.
주인 : 네, 이거 어떠세요? 크고 ② ________ .
그리고 주머니가 있어서 편리해요.
지훈 : 이거 ③ ________ ?
주인 : 물론이지요.
또 방수가 돼서 비가 올 때에도 문제가 없어요.

라 잘 듣고 따라하십시오. 발음 MP3 27

주인 : 값이 싸서 손님들이 많이 사 가요.
지훈 : 값은 괜찮지만, 방수가 안 돼서 마음에 안 들어요.

마 다음 요약문을 완성하십시오.

지훈 씨는 배낭을 사러 가방 가게에 갔습니다. 가게 주인이 크고 (ㄱ　　　) 배낭을 두 개 보여 줬습니다. 첫 번째 배낭은 (ㄱ　　　)이 비쌌지만 두 번째 배낭은 값이 비싸지 않았습니다. 그리고 첫 번째 배낭은 (ㅈ　　　)가 있었지만 두 번째 배낭은 주머니가 없었습니다. 또 첫 번째 배낭은 (ㅂ　　　)가 되었지만 두 번째 배낭은 방수가 되지 않았습니다. 지훈 씨는 첫 번째 배낭이 마음에 (ㄷ　　　)지만 값이 비싸서 사지 않았습니다.

바 해 봅시다.

활동1

가방을 경매해 보세요.
친구들한테 가방을 보여 주고 설명하세요.
친구들이 그 가방이 마음에 들면 값을 말합니다.

짐이 많이 들어가요.
튼튼해요.
주머니가 많아요.
12,000원!
13,000원!

활동2

요즘 어떤 물건이 필요해요?
그 물건을 사려면 어디로 가야 해요?
여러분이 그 물건을 사러 가게에 갑니다.
가게 주인과 대화해 보세요.

사 써 봅시다.

지훈 씨가 가방을 사러 갑니다.
다음 단어를 이용해서
지훈 씨 이야기를 써 보세요.

배낭, 주머니, 튼튼하다, 방수가 되다, 값

여러분이 물건을 사러 갑니다.
대화를 써 보세요.

어떤 색을 좋아해요?

학습 목표

문법

1. -아/어 드릴까요?

[비가 와요]

A : 우산이 두 개 있어요. 빌려 드릴까요?

B : 네, 빌려 주세요. 감사합니다.

2. 이/저/그

[가게]

A : 이거 어떠세요? 이게 요즘 인기가 있어요.

B : 좋아요. 그걸로 주세요.

단어 표현

■ 동사 verb ▲ 형용사 adjective ● 명사 noun ◆ 부사 adverb □ 기타/표현 etc/expression

대화

- ● 반바지 shorts
- ● 반팔 티셔츠 a short-sleeved t-shirt
- ● 손님 a customer
- ● 스웨터 a sweater
- ● 점원 a salesperson
- □ 무슨 색으로 보여 드릴까요? What color shall I show you?
- □ 뭐 찾으세요? What are you looking for?
- □ 이거 어떠세요? How about this one? / How do you like this one?
- □ 이걸로 주세요. Please give me this one.
- □ 이쪽으로 오세요. Please come this way.
- □ 입어 봐도 돼요? May I try this on?
- □ -한테 잘 어울리다 to suit someone / look good on someone

듣고 말하기

- ▲ 튼튼하다 to be strong, dependable
- ▲ 편리하다 to be convenient
- ● 배낭 a backpack
- ● 주머니 a pocket
- ● 주인 an owner, proprietor
- ● 크기 size
- ● 짐 a load, baggage
- ● 첫 번째 the first
- ● 두 번째 the second
- ◆ 그래도 nevertheless, even though
- ■ 보여 주다 to show
- □ 방수가 되다 to be waterproof
- □ 더 싼 거 없어요? Don't you have anything cheaper?
- □ 많이 사 가요. Many people buy this.
- □ 문제 없어요. You have nothing to worry about.
- □ 저걸로 하세요. Why don't you buy that one?
- □ 좀 더 보고 올게요. I'll be back after looking around a little more.

MP3 28

✓ Self check

가게에 옷을 사러 갑니다. 마음에 드는 옷을 입어보고 싶을 때 어떻게 말해요?

You have gone to a store to buy some clothing. What do you say when you want to try on an item that has caught your eye?

Grammar Reference

❶ -아/어 드릴까요?
❷ 이, 저, 그

❶ -아/어 드릴까요?

1. MEANING

'-아/어 드릴까요?' is used to offer help or do a favor for the listener. It has the same meaning as 'Would you like me to do (something)?' or 'Shall I do (something)?'. '-아/어 주세요' can be used to answer this kind of question.

e.g. A 가방을 들어 드릴까요?
B 네, 좀 들어 주세요. 감사합니다.
/ 아니에요. 괜찮아요.

'-아/어 드릴까요?' is also used when the speaker wants to know what the listener would like him/her to do.

e.g. [백화점]
점원 무엇을 도와 드릴까요?
미나 긴 치마 있어요?
점원 무슨 색으로 보여 드릴까요?
미나 까만색으로 보여 주세요.

2. FORM

1) '-아/어 드릴까요?' is always attached directly to the end of the verb stem.

2) '-아 드릴까요?' is used when verb stems involve 'ㅏ, ㅗ', and '-어 드릴까요?' is used with all other verb stems.

사다 → 사 드릴까요?
열다 → 열어 드릴까요?
정리하다 → 정리해 드릴까요?

e.g. A 제가 커피 사 드릴까요?
B 네, 한 잔 사 주세요.

A 문을 열어 드릴까요?
B 네, 좀 열어 주세요.

A 제가 책을 정리해 드릴까요?
B 아니요, 괜찮아요. 제가 할게요.

NOTE

ㅂ 불규칙 (Irregular) p 251

e.g. 앤디: 일이 많으면 좀 도와 드릴까요?
(돕다)

소라: 네, 영어 번역 좀 도와 주세요.
(돕다)

BONUS

'(noun) 드릴까요?' is used to offer something to the listener.

e.g. A 커피 드릴까요?
B 네, 감사합니다.

A 물 드릴까요?
B 아니요, 괜찮아요.

❷ 이, 저, 그

1. MEANING

'이, 저, 그' are used to indicate a person or an object. '이' is used to refer to a person or an object that is close to the speaker. '저' is used to refer to a person or an object that is not close to either the speaker or the listener. '그' is used to refer to a person or an object that is not close to the speaker but is close to the listener.

'그' is also used to indicate a person or an object previously mentioned that is not in the presence of either the speaker or the listener at the time of speaking.

e.g. 어제 교실에서 지갑을 잃어버렸어요.
그런데 아직도 그 지갑을 못 찾았어요.

A 존 씨가 아직 한국에 있어요?
B 아니요, 그분은 고향에 돌아갔어요.

2. FORM

1) The pronouns '이것', '저것', and '그것' are formed by combining '이', '저', and '그' with '것' which means a 'thing'.

e.g. 이것 좀 보세요. 아주 예뻐요.
저것이 뭐예요?
그것이 안나 씨 책이에요?

A 〈슈퍼맨〉 봅시다.
B 저는 그거 벌써 봤는데요.

2) When '이것, 저것, 그것' are used with the subject marker '-이', they are often shortened to '이게, 저게, 그게'.
Similarly, when '이것, 저것, 그것' are used with the object marker '-을', they are often shortened to '이걸, 저걸, 그걸'.
When '이것, 저것, 그것' are used with the topic marker '-은' they are often shortened to '이건, 저건, 그건'.

e.g. A 이게 무슨 음식이에요?
B '닭갈비'예요. 맵지만 맛있어요.

A 저게 앤디 씨 가방이에요?
B 네, 앤디 씨 가방이에요.

A 이 핸드폰 어때요? 멋있죠?
B 네. 저도 그걸 사고 싶었는데 비싸서 못 샀어요.

[과일 가게]
A 배 하나에 얼마예요?
B 이건 2,000원이고 저건 3,000원이에요.

BONUS

The forms shown below follow the same location rule of '이, 저, 그'.
여기, 저기, 거기
이런, 저런, 그런
이렇게, 저렇게, 그렇게

e.g. A 어제 친구하고 에버랜드에 갔다 왔어요.
B 여기에서 거기까지 시간이 얼마나 걸려요?

A 앤디 씨 가방은 주머니가 많아요. 그런 가방을 어디에서 살 수 있어요?
B 이태원에서 샀어요. 거기에 이런 가방이 많으니까 한번 가 보세요.

[박물관]
저 사람들이 유명한 그림 앞에서 사진을 찍고 있어요. 박물관에서 저렇게 하면 안 돼요.

Sizes by country

Clothing and shoe size measurements from different countries are compared in the table below.

● 나라별 옷 사이즈

	XS	S	M	L	XL	XXL
Korea/Japan	85(44)	90(55)	95(66)	100(77)	105(88)	110
USA/Canada	2	4	6	8	10	12
Europe	34	36	38	40	42	44

In Korea, the size number inside the parentheses is generally used with women's bottoms (pants, shorts, skirts, etc.) and dresses.

● 나라별 신발 사이즈

Korea(mm)	230	240	250	260	270	280
Japan	23	24	25	26	27	28
USA(Man/Woman)	5.5/6	6.5/7	7.5/8	8.5/9	9.5/10	10.5
Europe(Man/Woman)	37.5/36.5	38.5/38	40/3940/39	41/40.5	42.5/42	44.5/43

8

뭐 드시겠어요?

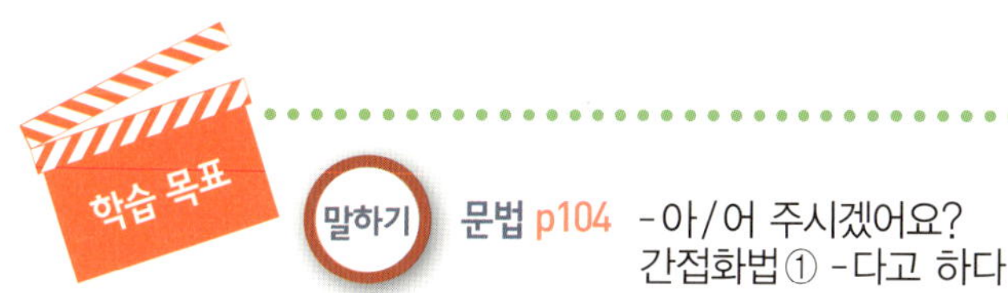

문법 p104 -아/어 주시겠어요?
간접화법① -다고 하다

대화 p106 음식 고르기

p107 비빔밥이 맛있다고 했어요

8과 말하기 문법1

-아/어 주시겠어요?

Grammar Reference ➡ p 110

좀 천천히 말씀해 주시겠어요?

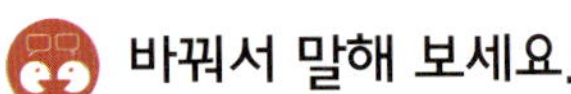

바꿔서 말해 보세요.

한국 친구를 소개해 주세요.
한국 친구 좀 소개해 주시겠어요?

1. 한국 친구를 소개해 주세요.
2. 커피를 사 주세요.
3. 이름을 써 주세요.
4. 사진을 찍어 주세요.
5. 테이블을 닦아 주세요.

카드를 이용해서 이야기해 보세요.

A 제가 이번 주말에 홍대에 가려고 해요.
그런데 길을 잘 몰라요. 길을 좀 가르쳐 주시겠어요?

B 네, 가르쳐 드릴게요.
신촌 역에서 2호선을 타고 가세요.

가르치다 — ✓ 홍대에 가려고 해요. 길을 몰라요.

돕다 — 숙제를 해야 해요. 숙제가 너무 어려워요.

추천하다 — 다음 주에 렌핑 씨 생일 파티가 있어요. 선물을 사려고 해요.

p 110 ← Grammar Reference

간접화법① -다고하다

대답해 보세요.

앤디 씨가 뭐라고 했어요?

요즘 바쁘다고 했어요.

1. 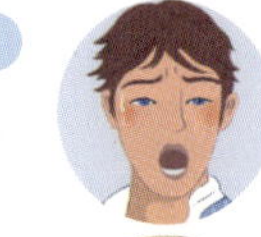 "요즘 바빠요."
2.  "지금 기분이 좋아요."
3.  "머리가 아파요."
4.  "오후에 시간이 있어요."
5.  "책이 무거워요."

카드를 이용해서 이야기해 보세요.

A는 B한테 귓속말을 하세요.
C는 B한테 그 말을 물어보세요.

완 씨가 뭐라고 했어요?

미나 씨 방이 깨끗하다고 했어요.

✓ 미나 씨 방 이/가 깨끗해요.

__________ 이/가 좋아요.

__________ 이/가 맛있어요.

__________ 이/가 멀어요.

8과 말하기 대화

음식 고르기

MP3 29

식당에서 주문하려고 합니다. 어떻게 말합니까?

앤디 이 집 김치찌개 어때요?

미나 제 친구가 좀 맵다고 했어요.

앤디 그럼, 비빔밥은요?

미나 비빔밥은 맛있다고 했어요.

앤디 그럼, 비빔밥 한번 먹어 볼게요. 미나 씨는 뭐 드시겠어요?

미나 저도 비빔밥이요. 아저씨, 여기 비빔밥 둘이요.

다음을 이용해서 대화를 만들어 보세요

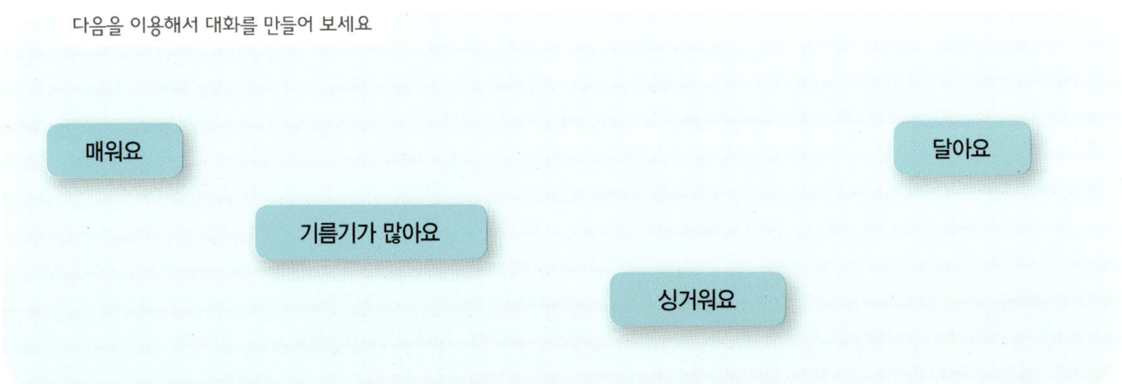

매워요
달아요
기름기가 많아요
싱거워요

식당 개업식에 가 보셨어요?

지훈 씨 이웃집 아주머니가 식당을 개업했습니다.
그래서 지훈 씨가 축하 선물을 가져 왔습니다. 어떤 선물을 가져 왔어요?

지훈 씨와 완 씨가 식당에서 무슨 음식을 시켜요? MP3 30

8과 듣고말하기

가 맞으면 ○, 틀리면 × 하십시오.

1. 지훈 씨와 완 씨는 식당에 일하러 왔어요. ( )
2. 아주머니는 지훈 씨한테 식당 분위기가 참 좋다고 했어요. ( )
3. 아주머니는 완 씨한테 비빔밥을 추천했어요. ( )
4. 지훈 씨는 냉면이 맛없다고 했어요. ( )
5. 한국에서는 개업하면 이웃집에 떡을 돌려요. ( )

나 묻고 대답하십시오.

1. 지훈 씨와 완 씨는 왜 식당에 화분을 가져왔어요?
2. 완 씨는 식당을 보고 아주머니한테 뭐라고 했어요?
3. 완 씨는 왜 비빔밥을 시켰어요?
4. 두 사람은 음식에 대해서[1] 뭐라고 했어요?
5. 왜 아주머니가 떡을 준비했어요?

다 잘 듣고 빈 칸을 채우십시오. MP3 31

완 : 한국에서는 개업하면 떡을 줘요?
지훈 : 네, 개업하면 ① ________ 과 손님들한테 떡을 돌려요.
아주머니 : 네, 그래서 떡을 준비했어요. ② ________ 보세요.
완 : 감사합니다. 잘 먹겠습니다.

라 잘 듣고 따라하십시오. 발음 MP3 32

아주머니 : 여기 비빔밥하고 물냉면 나왔습니다.
지훈 : 아주머니, 냉면 좀 잘라 주시겠어요?

마 다음 요약문을 완성하십시오.

지훈 씨와 완 씨는 개업을 (ㅊ　　　)러 식당에 갔습니다. 지훈 씨는 그 식당 아주머니를 잘 압니다. 두 사람은 아주머니한테 (ㅎ　　　)을 선물했습니다. 완 씨는 아주머니한테 식당 (ㅂ　　　)가 좋다고 말했습니다. 두 사람은 비빔밥과 물냉면을 (ㅅ　　　). 조금 후에 아주머니가 (ㄸ　　　)을 가져오셨습니다. 지훈 씨가 완 씨한테 떡에 대해서도 설명해 줬습니다. "한국에서는 개업하면 이웃집과 손님들한테 떡을 (ㄷ　　　)."

바 해 봅시다.

여러분 나라에서는 친구가 개업하면 어떤 선물을 가지고 가요? 가게 주인도 선물을 준비해요?

사 써 봅시다.

다음 단어를 이용해서 지훈 씨의 오늘 이야기를 써 보세요.

개업, 화분, 비빔밥, 물냉면, 떡

[1] -에 대해서 p 245

문법

1. -아/어 주시겠어요?

A: 죄송한데요, 좀 도와 주시겠어요?
B: 네, 도와 드릴게요.

2. -다고 하다

A: 이 집 음식이 어때요?
B: 친구가 맛있다고 했어요.

단어 표현

■ 동사 verb ▲ 형용사 adjective ● 명사 noun ◆ 부사 adverb □ 기타/표현 etc/expression

대화

▲ 싱겁다	to taste bland, to be insipid
□ 기름기가 많다	to be oily, to be greasy
□ 뭐 드시겠어요?	What will you have to eat?
● 자리	a seat
● 화분	a flower pot
□ 참	very, really
□ 냉면이 시원해요.	Naengmyeon is refreshing.
□ 떡을 돌리다	to give out rice cake
□ 고마워요.	Thank you.
□ 그걸로 주세요.	Please give me that one.

듣고 말하기

■ 가져오다	to bring something
■ 개업하다	to start a business (in the case of a store or restaurant)
● 개업식	opening day, first day of business
● 이웃집	neighbor's house
□ 맛있게 드세요.	Enjoy your meal / Bon appetit.
□ 어서 와요.	Welcome.
□ 여기 물냉면 나왔어요.	Here's your Mullaengmyeon.
□ 축하 드립니다.	Congratulations. (polite)

MP3 33

✓ Self check

친구에게 식당을 추천하세요. 평판을 말해 주세요. ['-다고 해요' 를 사용하세요.]

Recommend a restaurant to a friend. Tell your friend what kind of reputation the restaurant has. [Remember to use '-다고 해요'.]

Grammar Reference

❶ -아/어 주시겠어요?
❷ 간접화법① 형용사 다고 하다

❶ -아/어 주시겠어요?

1. MEANING

'-아/어 주시겠어요?' is used to ask the listener to perform an action. It has the same meaning as 'Would you do (some action) for me, please?' and it is a more polite version of '-아/어 주세요.' To make a positive response to '-아/어 주시겠어요?', '-아/어 드릴게요' is used.

2. FORM

1) '-아/어 주시겠어요?' is always attached directly to the end of the verb stem.

2) '-아 주시겠어요?' is used when verb stems involve 'ㅏ, ㅗ', and '-어 주시겠어요?' is used with all other verb stems.

닫다 → 닫아 주시겠어요?
가르치다 → 가르쳐 주시겠어요?
전화하다 → 전화해 주시겠어요?

e.g. A 문 좀 닫아 주시겠어요?
B 네, 닫아 드릴게요.

A 독일어 좀 가르쳐 주시겠어요?
B 네, 가르쳐 드릴게요.

A 나중에 전화 좀 해 주시겠어요?
B 네, 그럴게요.

NOTE

If the adverb '좀' is inserted, it has the effect of making a request seem more polite. '좀' is not used in the other interlocutor's response.

e.g. A 죄송하지만 펜 좀 빌려 주시겠어요?
B 네, 여기 있어요.

❷ 간접화법① : 형용사 다고 하다

Reported speech form (adjective)

1. MEANING

In Korean, there are several endings for reported speech which are selected based on the nature of the original speech.

The endings of the reported speech depend on the predicate (verb, adjective, noun, etc.), the tense, and the mood (statement, question, command, suggestion) of the sentence.

2. FORM

1) '-다고 하다' is used with adjectives or '있다/없다'.

좋다 → 좋다고 했어요
바쁘지 않다 → 바쁘지 않다고 했어요
있다 → 있다고 했어요

e.g. 수잔: 기분이 좋아요.
→ 수잔 씨가 기분이 좋다고 했어요.

제니: 요즘 바쁘지 않아요.
→ 제니 씨가 요즘 바쁘지 않다고 했어요.

소라: 지금 시간이 있어요.
→ 소라 씨가 지금 시간이 있다고 했어요.

NOTE

'-다고 해요' is also used to express a well-known fact or rumor.

e.g. "김치가 건강에 좋아요."
→ 김치가 건강에 좋다고 해요.

"그 영화가 재미있어요."
→ 그 영화가 재미있다고 해요.

언어와 문화

Vocabulary related to cooking Korean food

● 요리 방법 cooking methods

끓이다
to boil

썰다
to slice

섞다
to mix

볶다
to stir-fry

양념하다
to season

● 양념 재료 Seasonings and ingredients

간장
soy sauce

파
green onions

마늘
garlic

참기름
sesame oil

고추가루
red pepper flakes

9

데니 씨 얘기 들으셨어요?

문법 p114 간접화법 ② -는다고 하다
-았/었다고 하다
-을 거라고 하다

대화 p117 소문 이야기하기

p118 그 여자한테 말을 걸고 싶었어요

간접화법② -는다고 하다

Grammar Reference ➡ p 124

 **바꿔서 말해 보세요.**

보통 도서관에서 세 시간 동안 공부해요.

보통 도서관에서 세 시간 동안 공부한다고 했어요.

1. "보통 도서관에서 세 시간 동안 공부해요."
2. "주말마다 친구하고 동아리 친구들을 만나요."
3. "점심 때 보통 김밥을 먹어요."
4. "영호 씨는 책을 읽지 않아요."
5. ✪ "수업이 끝난 다음에 렌핑 씨하고 놀아요."

 **친구한테 물어보세요.**

시간 있을 때 뭐 해요?

이름	시간이 있을 때 뭐 해요?
수잔	영화를 봐요.
제임스	등산해요.
완	?

같이 이야기해 보세요.

수잔 씨가 심심할 때 뭐 한다고 했어요?

영화를 본다고 했어요.

p 124 ⇐ Grammar Reference

간접화법② -았/었다고 하다

바꿔서 말해 보세요.

어제 친구를 만났어요.

이제 친구를 만났다고 했어요.

1. "어제 친구를 만났어요."
2. "어제 저녁에 카페에서 케이크를 먹었어요."
3. "주말에 집에서 쉬었어요."
4. "어제 운동하지 않았어요."
5. "아까 음악을 들었어요."

친구한테 물어보세요.

지난 주말에 뭐 했어요?

이름	지난 주말에 뭐 했어요?
제임스	등산했어요.
수잔	친구 이사를 도와줬어요.
완	?

같이 이야기해 보세요.

제임스 씨가 지난 주말에 뭐 했다고 했어요?

등산했다고 했어요.

간접화법② -을 거라고 하다

Grammar Reference ➡ p 125

바꿔서 말해 보세요.

오늘 오후에 비가 올 거예요.

오늘 오후에 비가 올 거라고 했어요.

1. "오늘 오후에 비가 올 거예요."
2. "주말에 친구하고 테니스를 칠 거예요."
3. "이번 달부터 독일어를 배울 거예요."
4. "이번 주말에 새 하숙집을 찾을 거예요."
5. "5년 후에 일본에서 살 거예요."

친구한테 물어보세요.

이번 방학 때 뭐 할 거예요?

이름	이번 방학 때 뭐 할 거예요?
완	아르바이트할 거예요.
수잔	한국 여기저기를 구경할 거예요.
제임스	?

같이 이야기해 보세요.

완 씨가 이번 방학 때 뭐 할 거라고 했어요?

아르바이트할 거라고 했어요.

MP3 34

소문 이야기하기

소문에 대해서 말하고 싶습니다. 어떻게 말합니까?
도서관
데니 씨 얘기 들으셨어요?
무슨 얘기요?
REE

수잔 데니 씨 얘기 들으셨어요?

앤디 못[1] 들었어요. 무슨 얘기요?

수잔 요즘 학교에 안 나온다고 해요.

앤디 왜요?

수잔 취직해서요[2].

앤디 그래요? 몰랐어요.

요즘 학교에 안 나오다	취직했다
요즘 매일 결석하다	교통사고가 났다
학교를 한 학기 쉬다	건강이 안 좋다
회사를 그만두다	월급이 적다
캐나다에 돌아가다	캐나다에서 사업을 시작하다

1) 못, 2) -아/어서요. p 245

9과

읽고말하기 그 여자한테 말을 걸고 싶었어요

식당에서 멋있는 여자(남자)를 봤어요. 말을 걸고 싶습니다. 여러분은 어떻게 하시겠어요?

제임스 **씨는 고속버스에서 멋있는 여자를 봤습니다.** 제임스 **씨는 어떻게 말을 걸까요?**

제임스 씨는 왜 말을 걸지 못해요?

제임스 씨는 지난 일요일에 친구를 만나러 인천에 갔습니다. 그래서 아침 10시에 신촌에서 고속버스를 탔습니다. 제임스 씨는 버스 옆 자리에 멋있는 여자가 앉아서 기분이 좋았습니다. 제임스 씨는 그 여자한테 말을 걸고 싶었습니다. 그래서 버스가 출발하기 전에 초콜릿 우유 두 개를 샀습니다. 하지만 제임스 씨는 그 여자한테 말을 걸 수 없었습니다. 그 여자는 50분 동안 계속 전화를 했습니다.

"민정 씨, 지금 어디에 있어요?"

"저요? 버스 안에 있어요. 심심해서 전화했어요."

그리고 그 여자는 얘기를 계속했습니다. 새 구두를 신어서 발이 아프다고 했습니다.

그 구두는 세일해서 어제 샀다고 했습니다. 제임스 씨는 그 여자한테 말을 걸고 싶었지만, 그 여자는 전화를 끊지 않았습니다.

'언제 저 여자하고 얘기할 수 있을까?'

제임스 씨는 계속 기다렸습니다. 하지만 그 여자는 쉬지 않고 전화했습니다. 인천에 도착하기 10분 전이었습니다. 드디어 그 여자가 전화를 끊었습니다. 그래서 제임스 씨는 그 여자한테 말을 걸려고 했습니다.

"저……."

MP3 35

다음 이야기를 생각해 보세요.

그런데 바로 그때, 다시 전화가 왔습니다. 그때부터 버스에서 내릴 때까지 그 여자는 계속 전화를 했습니다. 제임스 씨는 버스에서 내리기 전에 예쁜 여자한테 초콜릿 우유도 주고 인사도 하고 싶었습니다. 하지만 버스는 벌써 터미널에 도착했습니다. 제임스 씨는 끝까지 그 여자와 한 마디도 못했습니다. 그래서 제임스 씨는 버스에서 내릴 때 초콜릿 우유를 버스 기사 아저씨한테 드렸습니다.

MP3 35

가 맞으면 ○, 틀리면 × 하십시오.

1. 제임스 씨는 버스 기사한테 주려고 초콜릿 우유를 샀습니다. ( )
2. 버스에서 제임스 씨 옆 자리에 예쁜 여자가 앉았습니다. ( )
3. 여자는 버스에서 계속 책을 읽었습니다. ( )
4. 제임스 씨는 여자한테 말을 걸었습니다. ( )
5. 제임스 씨는 버스에서 내리기 전에 그 여자한테 인사했습니다. ( )

나 묻고 대답하십시오.

1. 제임스 씨는 버스가 출발하기 전에 왜 초콜릿 우유를 샀습니까?
2. 옆 자리 여자는 핸드폰으로 무슨 말을 했습니까?
3. 제임스 씨는 버스에서 내리기 전에 여자한테 말을 걸었습니까?
4. 지난 일요일에 제임스 씨가 인천에 갈 때 버스에서 무슨 일이 있었습니까?
5. 버스 옆 자리에 이런 사람이 앉으면 어떻게 할 거예요? 

다 소리 내서 읽으십시오. 끊어 읽기

- 여자는 구두를 신어서 발이 아프다고 했습니다. 그 구두는 세일해서 어제 샀다고 했습니다.
- 제임스 씨는 그 여자한테 말을 걸고 싶었지만, 그 여자는 전화를 끊지 않았습니다.

라 다음을 이용해서 내용을 요약하십시오.

제임스 씨 / 지난 주말 / 고속버스 / 인천 / 가다
버스 / 옆 자리 / 멋있다 / 여자 / 앉다
제임스 씨 / 그 / 여자 / 주다 / 우유 / 사다
제임스 씨 / 그 / 여자 / 말 / 걸다 / 그 / 여자 / 계속 / 전화하다
제임스 씨 / 버스 / 내리다 / 버스 기사 / 초콜릿 우유 / 드리다

마 해 봅시다.

활동1
제임스 씨가 친구를 만나서 주말 이야기를 합니다.

인천에 갈 때 버스 옆 자리에 멋있는 여자가 앉았어요.

그런데요?

활동2
제임스 씨 이야기로
2분 스피치를 해 보세요.

바 써 봅시다.

쓰기1

다음 단어를 이용해서
제임스 씨 이야기를 써 보세요.

고속버스, 옆 자리, 말을 걸다, 전화를 끊다, 도착하다

쓰기2

제임스 씨 이야기와 비슷한 이야기를 써 보세요.

새로 배운 단어 표현

- 계속하다
- 심심하다
- 버스 기사
- 말을 걸다
- 전화를 끊다

※ 한국어 학생 제임스 씨가 9과 읽기 이야기를 썼어요.
그리고 이 이야기로 한국어 말하기 대회에서 상을 받았어요.
이 글을 주셔서 감사합니다.

문법

1. -는다고 하다

A : 미나 씨가 뭐라고 했어요?
B : 오후에 아르바이트한다고 했어요.

2. -았/었다고 하다

A : 왜 지훈 씨는 식당에 같이 안 가요?
B : 지훈 씨는 아까 식사했다고 했어요.

3. -을 거라고 하다

A : 왜 그렇게 열심히 공부하세요?
B : 선생님이 시험이 어려울 거라고 했어요.

단어 표현

■ 동사 verb ▲ 형용사 adjective ● 명사 noun ◆ 부사 adverb □ 기타/표현 etc/expression

대화

- ● -에 취직하다 — to get a job (at a company)
- □ 교통사고가 나다 — for a traffic accident to occur
- □ 학교에 나오다 — to come to school
- □ 한 학기를 쉬다 — to take a semester off
- □ 월급이 적어요. — The salary is low.

듣고 말하기

- ■ 계속하다 — to continue
- ■ 세일하다 — to have a sale
- ▲ 심심하다 — to be bored, have nothing to do
- ● 고속버스 — an express bus
- ● 버스 기사 — a bus driver
- ● 우유 — milk
- ● 초콜릿 — chocolate
- ● 터미널 — a bus terminal
- ◆ 바로 그 때 — right at that moment
- ◆ 벌써 — already
- □ -한테 말을 걸다 — to talk to someone
- □ 전화를 끊다 — to hang up the phone
- □ 한 마디도 못 했습니다. — I couldn't get in a single word.
- □ 드디어 전화를 끊었습니다. — Finally, I hung up the phone.

MP3 36

✓ Self check

친구에 대한 소식을 들었습니다. 그 소식을 다른 친구에게 어떻게 전해요? ['-는다고 해요', '-았/었다고 해요', '-을 거라고 해요' 를 사용하세요.]

You heard some news about one of your friends. How can you pass on that news to another friend? [Remember to use '-는다고 해요', '-았/었다고 해요', and '-을 거라고 해요'.]

Grammar Reference

❶ 간접화법② 동사 -ㄴ/는다고 하다
명사 -이라고 하다
-았/었다고 하다
-을 거라고 하다

❶ 간접화법② : 동사 -ㄴ/는다고 하다 Reported speech form (verb)

1. MEANING

'-ㄴ/는다고 하다' is used to quote what someone said. This form is used when the predicate of the quoted speech is a verb in the present tense.

2. FORM

'-는다고 하다' is used with verb stems ending in a consonant.
'-ㄴ다고 하다' with verb stems ending in a vowel.
읽다 → 읽는다고 했어요
오다 → 온다고 했어요

e.g. 앤디: "책을 읽어요."
→ 앤디 씨가 책을 읽는다고 했어요.
소라: "지금 비가 와요."
→ 소라 씨가 지금 비가 온다고 했어요.
이리나: "요즘 밥을 잘 먹지 않아요."
→ 이리나 씨가 요즘 밥을 잘 먹지 않는다고 했어요.

NOTE

ㄹ 불규칙 (Irregular) p 252

e.g. 앤디: 신촌에 살아요.
→ 앤디 씨가 신촌에 산다고 했어요.
(살다)

❷ 명사 -이라고 하다 Reported speech form (noun)

1. MEANING

'-이라고 하다' is used to quote what someone said. This form is used when the predicate of the quoted speech is '(noun) +이다' or '아니다' in the present tense.

2. FORM

'-이라고 하다' is combined with nouns ending in a consonant.
'-라고 하다' is combined with nouns ending in a vowel or '아니다'.
2시 반이다 → 2시 반이라고 했어요
교포이다 → 교포라고 했어요
미국 사람이 아니다
→ 미국 사람이 아니라고 했어요

e.g. 리엔: "지금 2시 반이에요."
→ 리엔 씨가 지금 2시 반이라고 했어요.
데니: "교포예요."
→ 데니 씨가 교포라고 했어요.
제임스: "미국 사람이 아니에요."
→ 제임스 씨가 미국 사람이 아니라고 했어요.

❸ -았/었다고 하다 Reported speech form (past tense)

1. MEANING

'-았/었다고 하다' is used to quote what someone said. This form is used in the past tense in a statement.

2. FORM

1) '-았/었다고 하다' is used with verbs, adjectives, '(noun) 이다' and '있다/없다'.

2) '-았다고 하다' is used when stems involve 'ㅏ, ㅗ', and '-었다고 하다' is used with all other stems.

가다 → 갔다고 했어요
먹다 → 먹었다고 했어요
피곤하다 → 피곤했다고 했어요
학생이다 → 학생이었다고 했어요

e.g. 제니: 어제 헬스클럽에 갔어요.
→ 제니 씨가 어제 헬스클럽에 갔다고 했어요.

소라: 점심을 안 먹었어요.
→ 소라 씨가 점심을 안 먹었다고 했어요.

한스: 어제 피곤했어요.
→ 한스 씨가 어제 피곤했다고 했어요.

제임스: 3년 전에 학생이었어요.
→ 제임스 씨가 3년 전에 학생이었다고 했어요.

④ -을 거라고 하다 Reported speech form (future tense)

1. MEANING

'-을 거라고 하다' is used to quote what someone said. This form is used with statements about the future.

2. FORM

1) '-을 거라고 하다' is used with verbs, adjectives, '(noun) 이다' and '있다/없다'.

2) '-을 거라고 하다' is used with stems ending in a consonant and '-ㄹ 거라고 하다' with stems ending in a vowel.

많다 → 많을 거라고 했어요
가다 → 갈 거라고 했어요

e.g. 소라: "지금 강남 역에 가면 사람이 많을 거예요."
→ 소라 씨가 지금 강남 역에 가면 사람이 많을 거라고 했어요.

제니: "오후에 영화관에 갈 거예요."
→ 제니 씨가 오후에 영화관에 갈 거라고 했어요.

● 정리해 봅시다:

reported speech forms for a statement

	현재	과거	미래
동사	**-ㄴ다고/ -는다고** 간다고 먹는다고	**-았/었다고** 좋았다고 먹었다고 했다고	**-ㄹ 거라고/ -을 거라고** 나쁠 거라고 먹을 거라고
있다/ 없다	**-다고** 있다고 없다고		
형용사	**-다고** 나쁘다고 좋다고		
이다/ 아니다	**-라고 / 이라고** 의사라고 학생이라고 학생이 아니라고		

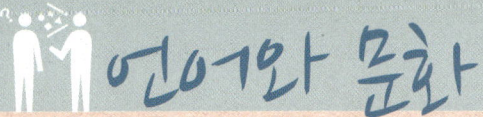

Use of indirect speech

In Korean, indirect speech is used when referring to something read in a book, quoting something heard from someone else, passing on a message from someone who called, or expressing your thoughts. Because of the wide variety of situations that call for this kind of construction, it is important to understand how it is used.

이 책에 1990년에 시작했다고
나와 있어요.

아까 안나 씨가
전화했어요.
저녁 때 파티에 못 온다고
했어요.

● Expressions related to the telephone

전화를 걸다 to make a phone call	전화를 받다 to pick up the phone	통화 중이다 to be on the phone with someone	문자 메시지를 보내다 to send a text message

10

앤디 씨 옆에 있는 분 아세요?

말하기 문법 p128 (동사) -는
(동사) -은
입었어요/신었어요/썼어요

대화 p131 소개하기

p133 춘천에 갔다 왔어요

10과 말하기 문법1

(동사) -는

Grammar Reference ➡ p 138

대답해 보세요.

1. A 누가 제임스 씨예요?
   B 우유를 마시는 사람이 제임스 씨예요.
2. A 누가 히로미 씨예요?
   B ______________ 사람이 히로미 씨예요.
3. A 누가 타쿠야 씨예요?
   B ______________.
4. A 누가 투안 씨예요?
   B ______________.
5. A 누가 렌핑 씨예요?
   B ______________.

카드를 이용해서 이야기해 보세요.

A 좋아하는 음식이 뭐예요?
B 비빔밥이에요. ________ 씨는요?
A 제가 좋아하는 음식은 불고기예요.

- ✓ 좋아하다/음식
- 자주 가다/식당
- 좋아하다/색
- 자주 만나다/친구
- 요즘 보다/텔레비전 프로그램

(동사) -은

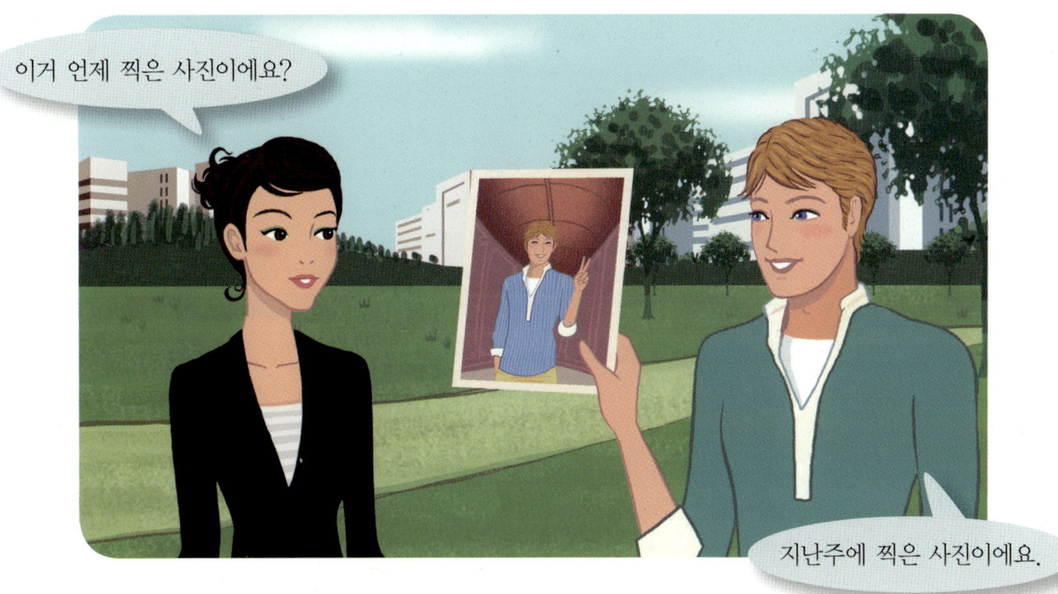

대답해 보세요.

1. A 지난주에 __본__ 한국 영화가 어땠어요? (봤어요)
   B 재미있었어요.
2. A 어제 ________ 사람이 누구예요? (결석했어요)
   B 수잔 씨예요.
3. A 어제 ________ 한국 음식이 맛있었어요? (먹었어요)
   B 맛있었어요.
4. A 지난주에 ________ 책이 뭐예요? (읽었어요)
   B 한국 역사 책이에요.
5. A 창문을 ________ 사람이 누구예요? (✪ 열었어요)
   B 리엔 씨예요.

카드를 이용해서 이야기해 보세요.

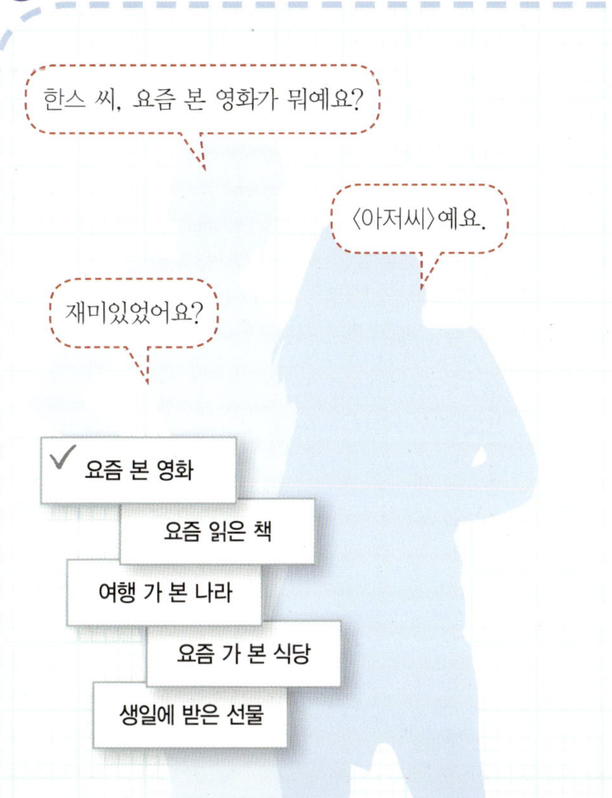

10과 말하기 문법3

입었어요/신었어요/썼어요

Grammar Reference ➡ p 139

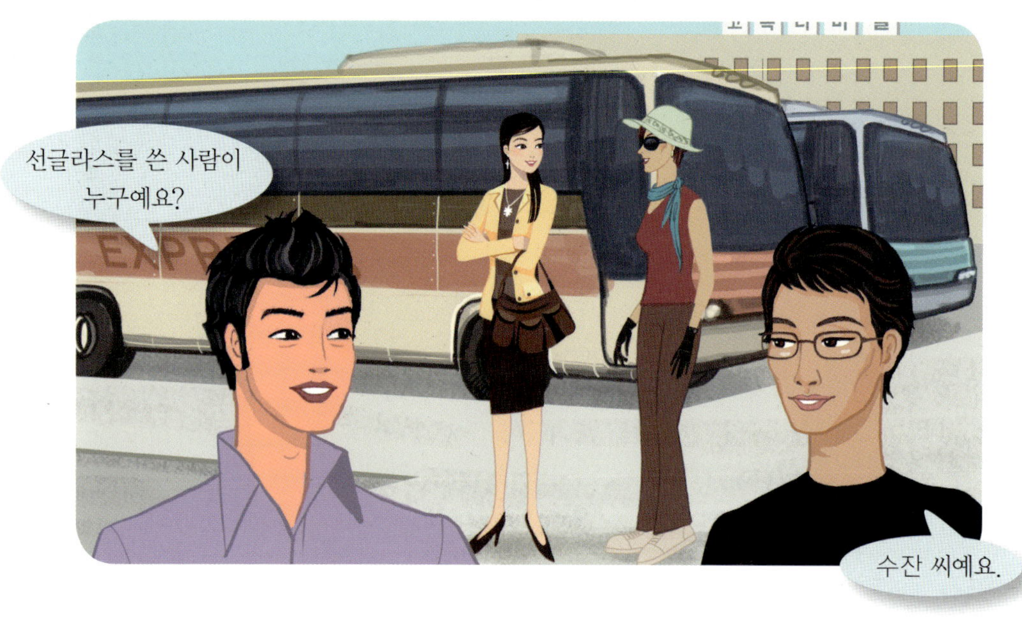

위 그림을 이용해서 문장을 완성해 보세요.

1. 수잔 씨가 모자를 __썼어요__ .
2. 갈색 바지를 ______________ .
3. 운동화를 ______________ .
4. 선글라스를 ______________ .
4. 스카프를 ______________ .
5. 그리고 까만색 장갑도 ______________ .
6. 목걸이를 __한__ 사람이 미나 씨예요.
7. 귀걸이를 ______________ 사람이 미나 씨예요.
8. 구두를 ______________ 사람이 미나 씨예요.

카드를 이용해서 이야기해 보세요.

A 우리 반에서 오늘 청바지를 입은 사람이 누구예요?

B ______________ 씨요. ______________ 씨가 오늘 청바지를 입었어요.

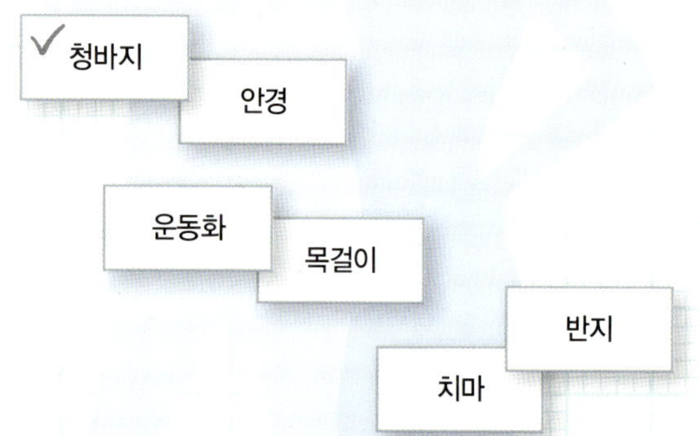

MP3 37
소개하기
10과
말하기
대화
어떤 사람을 소개받고 싶습니다. 어떻게 말합니까?
저기 수잔 씨하고 얘기하는 분이 누구세요?

완 저기 수잔 씨하고 얘기하는 분이 누구세요?

한스 모자 쓴 분이요?

완 네.

한스 파울로 씨예요. 멕시코에서 온 분이에요.
제가 소개해 드릴게요.

모자를 썼다	멕시코에서 왔다
조끼를 입었다	같은 학교에 다니다
운동화를 신었다	우리 회사에서 일하다
미나 씨 옆에 서 있다	옆 방에 살다
혼자 앉아 있다	미나 씨하고 알다

메뉴

춘천에 갔다 왔어요

춘천을 아세요? 춘천은 뭐가 유명해요?

수잔 씨가 춘천 마임 축제에 갔다 왔습니다. 누구하고 같이 갔어요?

수잔 씨가 춘천에 가서 뭐 했어요?

보고 싶은 부모님께

안녕하세요? 잘 지내고 계시지요? 저도 한국 생활을 잘 하고 있어요. 지난 주말에는 학교 친구들하고 춘천 마임 축제에 갔다 왔어요. 춘천은 강원도에 있는 도시예요. 서울에서 기차로 두 시간쯤 걸려요. 춘천 마임 축제에서는 여러 나라에서 온 마임 공연 팀들이 공원과 길 여기저기에서 공연을 했어요. 여러 나라의 공연을 볼 수 있어서 좋았어요. 토요일 오후에는 인형극 공연을 봤어요. 우리 학교에서 한국어를 공부하는 일본 학생들이 공연을 했어요. 일본 학생들이 공연을 잘해서 재미있었어요. 일요일 아침에는 호수에 가서 친구들과 사진을 찍었어요. 그 중에서 한 장을 같이 보내 드릴게요. 사진에서 모자를 쓴 사람은 앤디 씨예요. 같은 학교에서 공부하는 친구예요. 제 옆에서 웃고 있는 사람은 완 씨예요. 저하고 제일 친한 친구예요. 춘천을 떠나기 전에 시내에 가서 닭갈비를 먹었어요. 춘천 닭갈비가 서울에서 먹은 것보다 훨씬 맛있었어요. 서울로 돌아오는 기차에서 모두 피곤해서 잤어요. 피곤했지만 재미있게[1] 주말을 보내서 기분이 좋았어요. 다음에 또 편지 쓸게요.

그럼, 안녕히 계세요.

20ㅁㅁ년 5월 ㅁ일
서울에서 수잔 올림

MP3 38

1) -게 p 246

알아요!

가 맞으면 ○, 틀리면 × 하십시오.

1. 춘천에 있는 극장에서 마임 공연을 봤어요. ( )
2. 같이 한국어를 공부하는 일본 학생들과 인형극 공연을 봤어요. ( )
3. 수잔 씨는 기차에서 친구들하고 찍은 사진을 부모님께 보냈어요. ( )
4. 서울로 돌아오는 기차 안에서 친구들하고 여러 가지 이야기를 했어요. ( )
5. 수잔 씨와 친구들은 피곤했지만 재미있게 주말을 보냈어요. ( )

나 묻고 대답하십시오.

1. 춘천은 어떤 곳이에요?
2. 수잔 씨는 마임 축제에서 어떤 공연들을 봤어요?
3. 오후에 본 인형극 공연에 대해서 이야기해 보세요.
4. 수잔 씨가 부모님께 보낸 사진을 설명해 보세요.
5. 수잔 씨는 춘천 닭갈비가 어떻다고 했어요?

다 소리 내서[2] 읽으십시오. 끊어 읽기

• 춘천 닭갈비가 서울에서 먹은 것보다 훨씬 맛있었어요.

라 그림을 보고 얘기해 보십시오.

2) -아/어서 p 246

마 해 봅시다.

춘천 시 홈페이지에 들어가 보세요. 춘천에서 가 보고 싶은 곳을 이야기해 보세요.
http://tour.chuncheon.go.kr

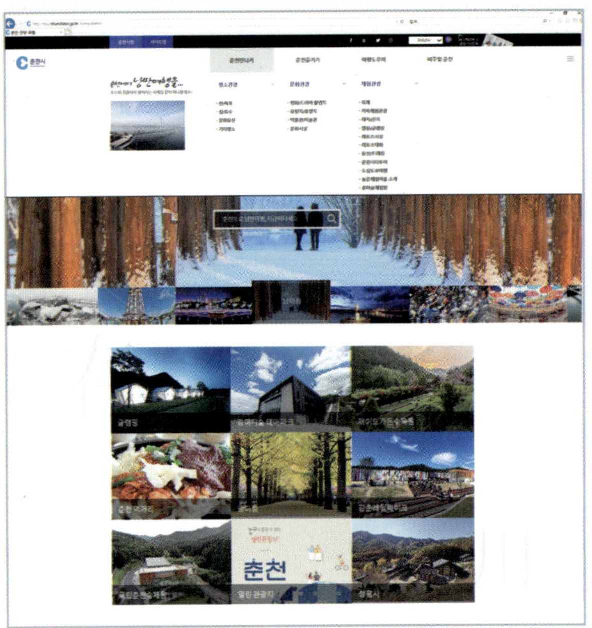

이자와 씨, 다에꼬 씨 이분들이
춘천 마임 축제에서 인형극 공연을 했어요.

바 써 봅시다.

여러분이 춘천에 여행 갔다 왔습니다.
춘천 여행에 대해서 편지를 써 보세요.

학습 목표

문법

1. (동사) -는

A : 앤디 씨하고 얘기하는 분이 누구세요?
B : 이 선생님이세요.

2. (동사) -은

A : 아까 인사한 사람이 누구예요?
B : 하숙집 친구예요.

3. 입었어요, 신었어요, 썼어요

A : 오늘 제니 씨가 무슨 옷을 입었어요?
B : 하늘색 티셔츠를 입었어요.

단어 표현

■ 동사 verb ▲ 형용사 adjective ● 명사 noun ◆ 부사 adverb □ 기타/표현 etc/expression

대화

■ 서 있다 to be standing
■ 앉아 있다 to be sitting
● 운동화 sneakers
● 조끼 vest

읽고 말하기

■ 웃다 to laugh
● 강원도 Gangwon Province
● 닭갈비 a spicy chicken stir – fry
● 마임 축제 mime festival
● 시내 downtown
● 인형극 a puppet show
● 팀 a team
● 공연 performance
● 호수 lake
◆ 모두 all, everyone
◆ 훨씬 much more, far more
□ 그 중에서 among those (of a group)
□ 보고 싶은 Dear [in letters]
□ -께 to (someone) [honorific form]
□ 올림 [Respectful expression at the end of a letter that follows the name of the person sending it]

MP3 39

✓ Self check

1. 반 친구의 오늘 옷차림을 설명해 보세요. ['입었어요/신었어요/썼어요'를 사용하세요.]
   Describe the clothes that your classmates are wearing today. [Remember to use '입었어요/신었어요/썼어요'.]

2. 반 친구를 소개해 보세요. ['-는', '-은'을 사용하세요.]
   Introduce your classmates. [Remember to use '-는' and '-은'.]

Grammar Reference

❶ -는
❷ 입었어요, 신었어요, 썼어요

① relative clause ending (동사) -는

1. MEANING

'(verb) -는' is used to make a relative clause[1], which, in Korean, is located before a noun.

2. FORM

'-는' is used with verbs and '있다/없다'. It is always attached directly to the end of the verb stem[2].

읽다 → 읽는
다니다 → 다니는
있다 → 있는

e.g. 리엔 씨가 읽는 책이 한국 역사책이에요.
히로미 씨가 다니는 요리 학원이 서초 역에 있어요.
여자 친구가 있는 사람이 한스 씨예요.

1) In Korean, there are several endings for relative clauses. These are selected based on the part of speech of the predicate in the relative clause (verb, adjective, noun, etc.) and the tense.

2) Stem
Korean verbs and adjectives are used with various endings. The part of the verb or adjective which remains unchanged is called the 'stem'.
See verb 받다 as an example.

stem	ending
받	아요
받	았어요
받	으세요
받	고

3) A sentence consists of a subject and a predicate. In English, a predicate always contains a verb. In Korean, however, a predicate can contain either a verb, an adjective, or 이다.

★ Relative clause ending (verb) -은

1. MEANING

When the predicate[3] of the relative clause is a verb in the past tense, '-은' is used.

2. FORM

1) It is always attached directly to the end of the verb stem.

2) '-은' is used with verb stems ending in a consonant, and -ㄴ with verb stems ending in a vowel.

찍었다 → 찍은
샀다 → 산

e.g. A 지난주에 학교에서 찍은 사진 좀 보여 주세요.
B 네, 보여 드릴게요. 여기 있어요.
A 와! 가방이 아주 멋있어요!
B 선물 받은 가방이에요. 감사합니다.

NOTE

1. ㄹ 불규칙 (Irregular) p 252

e.g. A 어제 뭐 했어요?
B 한남동에 사는 친구 집에서 파티를 했어요.
(살다)
A 미나 씨가 만든 비빔밥 먹어 봤어요?
(만들다)
B 네, 먹어 봤어요. 아주 맛있었어요.

2. ㄷ 불규칙 (Irregular) p 251

e.g. A 아까 들은 노래 배우고 싶어요.
(듣다)
제목이 뭐예요?
B '아리랑'이에요. 한국 전통 노래예요.

NOTE

In a relative clause, only the subject marker '-이/가' is used.

어제 투안 씨가 먹은 음식이 떡갈비예요.
어제 투안 씨는 먹은 음식이 떡갈비예요. (X)

Summary

	현재 (present)	과거 (past)
동사 (verb)	-는 먹는 가는	-은 먹은 간
있다/없다	-는 있는 없는	
형용사 (adjective)[4]	-은 좋은 나쁜	
이다/아니다	-ㄴ 인 아닌	

The other two past-tense relative clause endings, i.e. '던' and '았/었던', will be covered in Sogang Korean 3B' Supplementary Book Unit 7.

❷ 입었어요/ 신었어요/ 썼어요

1. MEANING

In Korean, it is important to note that different articles of clothing take different verbs. In order to describe someone wearing something, these verbs must be used in the past tense.

articles	verbs	past-tense forms
옷	입다	입었어요
신발, 양말	신다	신었어요
안경, 모자	쓰다	썼어요
목걸이, 스카프	하다	했어요
반지, 장갑	끼다	꼈어요

4) To review the relative clause ending '(형용사) – 은', see Sogang Korean 1 Compact series unit 8 p 211.

e.g. A 렌핑 씨가 오늘 어떤 옷을 입었어요?
B 반바지를 입었어요.

A 수잔 씨가 오늘 운동화를 신었어요?
B 네, 하얀색 운동화 신었어요.

A 미나 씨가 오늘 안경을 썼어요?
B 네, 안경을 썼어요.

A 지훈 씨가 목걸이를 했어요?
B 네, 큰 목걸이를 했어요.

A 히로미 씨가 커플링 반지를 꼈어요?
B 네. 남자 친구가 사 줬다고 했어요.

Because the wearing of clothes and accessories is expressed with verbs in the past tense, the past-tense relative clause ending '-은' (not '-는') must be used to describe a person's outfit and accessories.

e.g. A 누가 렌핑 씨예요?
B 반바지를 입은 사람이 렌핑 씨예요.

A 누가 수잔 씨예요?
B 하얀색 운동화를 신은 사람이 수잔 씨예요.

BONUS

The present tense is used to describe a person who habitually wears the same kind of clothes or accessories.

e.g. 지훈 씨는 보통 안경을 써요.
제니 씨는 보통 운동화를 신어요.

Verbs related to wearing clothing

In English, one "wears" items of clothing and accessories, whether it be shirts or pants or jewelry. In Korean, however, the verb changes according to the item worn, and the verb is used the past tense.

입다 (입었어요)

신다 (신었어요)

하다 (했어요)

쓰다 (썼어요)

11

어제 늦게까지 공부한 것 같아요

문법 p142 (형용사) -은 것 같다
(동사) -는 것 같다
(동사) -은 것 같다

대화 p145 추측하기

p146 왜 이렇게 길이 막힐까요?

(형용사) -은 것 같다

Grammar Reference ➡ p 150

대답해 보세요.

앤디 씨가 어떤 것 같아요?

슬픈 것 같아요.

______ 것 같아요.

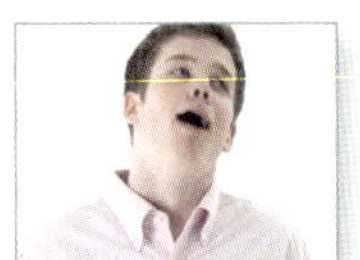

______ 것 같아요.

앤디 씨가 어떤 것 같아요?

______.

______.

그림 카드를 이용해서 대화해 보세요.

이 사람이 지금 어떤 것 같아요?

슬픈 것 같아요.

아픈 것 같아요.

뭐 하는 것 같아요?
차를 마시는 것 같아요.

 대답해 보세요.

✓ 책을 읽다	전화하다
피아노를 치다	운전하다

뭐 하는 것 같아요?

 것 같아요.

______ 것 같아요.

______.

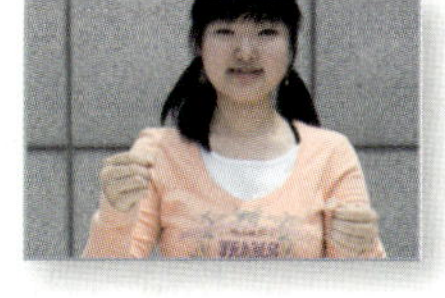

______.

카드를 이용해서 마임을 해 보세요. 그리고 이야기해 보세요.

A 뭐 하는 것 같아요?
B 매운 음식을 먹는 것 같아요!
C 더운 것 같아요!

✓ 매운 음식을 먹다
락 음악을 듣다
뜨거운 커피를 마시다
편지를 쓰다

(동사) -은 것 같다

Grammar Reference ➡ p 150

타쿠야 씨가
왜 힘이 없어요?
어제 늦게까지
시험 공부한 것 같아요.

대답해 보세요.

1. A 제임스 씨가 어제 뭐 한 것 같아요?
   B 친구를 만난 것 같아요.
   아마 친구를 만났어요
   명동에서 놀았다고 했어요.

2. A 소라 씨가 어제 저녁에 뭐 한 것 같아요?
   B ______________________.
   아마 도서관에서 공부했어요
   시험 공부하러 간다고 했어요.

3. A 제니 씨가 어제 뭐 한 것 같아요?
   B ______________________.
   아마 많이 걸었어요
   오늘 다리가 아프다고 했어요.

4. A 한스 씨가 왜 숙제를 안 했어요?
   B 잘 모르겠지만 ______________________.
   ✪ 아마 어제 친구들하고 놀았어요

그림 카드를 이용해서 대화해 보세요.

이 사람이 뭐 한 것 같아요?

놀이 기구를 탄 것 같아요.

MP3 40

추측하기

제니 아주머니, 타쿠야 씨 보셨어요?

아주머니 아니요, 못 봤어요. 아직 안 일어난 것 같아요.

제니 아직도 안 일어났어요?

아주머니 네, 어제 늦게까지 공부한 것 같아요.

- 어제 늦게까지 공부했다
- 어젯밤에 늦게 잤다
- 감기에 걸렸다
- 몸이 안 좋다
- 아프다

11과

듣고말하기 왜 이렇게 길이 막힐까요?

한국 결혼식에 가 보셨어요? 친구 결혼식에 갈 때 어떤 선물을 준비해요?

한스 씨와 제니 씨가 히로미 씨 결혼식에 가고 있습니다. 무슨 일이 생긴 것 같아요?

한스 씨와 제니 씨는 왜 길이 막힌다고 생각했어요? MP3 41

가 한스 씨가 말한 순서를 찾으십시오.

- ☐ "히로미 씨 신랑이 뭐 하는 분이에요?"
- ☐ "제임스 씨가 전화해서 결혼식에 못 간다고 했어요."
- ☐ "교통사고가 난 것 같아요."
- [1] "그거 결혼 선물이에요?"
- ☐ "10분 남았으니까 빨리 갑시다."

나 묻고 대답하십시오.

1. 두 사람은 히로미 씨한테 어떤 선물을 주려고 해요?
2. 두 사람은 제임스 씨에 대해서 어떤 이야기를 했어요?
3. 길이 막히는 것을 보고 두 사람은 어떻게 생각했어요?
4. 제니 씨는 왜 결혼식에 빨리 가고 싶어했어요?
5. 두 사람은 히로미 씨 신랑에 대해서 무슨 이야기를 했어요?

다 잘 듣고 빈칸을 채우십시오. MP3 42

한스 : 그런데 히로미 씨 ①_____ 이 뭐 하는 분이에요?
제니 : KT에서 일하는 분이라고 들었어요. 히로미 씨가
회사에 다닐 때 ②_________________ 해요.
한스 : 아, 그래요?
제니 : 어! 한스 씨, 차들이 ③_________________.
한스 : 네, 이제 빨리 갈 수 있을 거예요.

라 잘 듣고 따라하십시오. 억양 발음 MP3 43

제니 : 왜 이렇게 길이 막힐까요?
한스 : 글쎄요, 교통사고가 난 것 같아요.

마 다음 요약문을 완성하십시오.

한스 씨와 제니 씨는 오늘 히로미 씨 (ㄱ   )에 가려고 합니다. 제니 씨는 결혼식이 (ㅅ   )기 전에 히로미 씨를 만나고 싶습니다. 그런데 길이 막혀서 차들이 움직이지 않습니다. 한스 씨는 길이 막히는 것을 보고 (ㄱ   )가 났다고 생각합니다. 제니 씨는 길을 (ㄱ   )고 생각합니다. 두 사람은 차 안에서 히로미 씨 (ㅅ   )에 대해서 얘기합니다. 두 사람은 결혼식이 시작하기 10분 전에 결혼식장에 도착합니다.

바 해 봅시다.

결혼식에 갈 때
길이 많이 막혔어요…….

역할극

제니 씨가 결혼식이 끝난 다음에
제임스 씨와 통화합니다.
여러분이 제니 씨입니다.
결혼식에 대해서 이야기해 보세요.

사 써 봅시다.

한스 씨가 히로미 씨 결혼식에
다녀왔습니다.
여러분이 한스 씨입니다.
결혼식에 대해서 제임스 씨한테
이메일을 써 보세요.

학습 목표

문법

1. [형용사 현재] -은 것 같다

A : 타쿠야 씨, 몸이 안 좋은 것 같아요.
B : 네, 좀 피곤해요. 일찍 집에 가서 쉬려고 해요.

2. [동사 현재] -는 것 같다

A : 왜 이렇게 시끄러울까요?
B : 옆집에서 파티를 하는 것 같아요.

3. [동사 과거] -은 것 같다

A : 민수 씨하고 수잔 씨가 말을 안 해요.
B : 두 사람이 싸운 것 같아요.

단어 표현

■ 동사 verb ▲ 형용사 adjective ● 명사 noun ◆ 부사 adverb □ 기타/표현 etc/expression

대화

◆ 아직 yet
◆ 항상 always
◆ 늦게까지 until late
□ 감기에 걸리다 to catch a cold
□ 몸이 안 좋다 to not feel well

듣고 말하기

■ -이/가 보이다 to be visible
■ 움직이다 to move (from a stationary state)
■ 출발하다 to depart
● 결혼식 a wedding
결혼식장 a wedding hall
● 신랑 a bridegroom
● 커피 잔 세트 a set of coffee cups

□ 교통사고가 났어요. There is a traffic accident.
□ 길을 공사해요. The road is under construction.
□ 길이 막히다. Traffic is backed up.
□ 근처에 다 왔어요. We are almost there.
□ 10분 남았어요. 10 minutes left.
□ 뭐 하는 분이에요? What does he/she do for a living?
□ 저기 결혼식장이 보여요. There, you will see a wedding hall.
□ 할 수 없지요. There's nothing to be done about it.

MP3 44

✓ Self check

밖에서 시끄러운 소리가 납니다. 밖에서 무슨 일이 있었는지 추측하고 추측을 얘기해 보세요.
You're talking with a friend at a coffee shop. There is a loud noise outside. Guess what is happening outside and talk about it.

Grammar Reference

❶ -은 것 같다
❷ -는 것 같다

❶ (형용사) -은 것 같다

1. MEANING

'(adjective) -은 것 같다' is used to express the speaker's presumption about a situation or a person. It has the same meaning as 'It seems that ...'

2. FORM

1) '-은 것 같다' is always attached directly to the end of the adjective stem.

2) '-은 것 같다' is used with adjective stems ending in a consonant, and '-ㄴ 것 같다' is used with adjective stems ending in a vowel.

좋다 → 좋은 것 같다
나쁘다 → 나쁜 것 같다

e.g. 히로미 씨가 오늘 기분이 좋은 것 같아요.
완 씨가 기분이 나쁜 것 같아요.

NOTE

1. ㄹ 불규칙 (Irregular) p 252

e.g. 파울로 씨 집이 학교에서 먼 것 같아요. (멀다)
자주 수업에 늦게 와요.

2. ㅂ 불규칙 (Irregular) p 251

e.g. [서울, 12월, 완 씨가 하숙집 3층에서 밖에 있는 사람들을 봐요.]
완 : 오늘 날씨가 추운 것 같아요. (춥다)
사람들이 두꺼운 코트를 입었어요.
지훈 : 네, 추운 날씨예요. 완 씨도 학교 갈 때 따뜻하게 입으세요.

❷ (동사) -는 것 같다

1. MEANING

'-는 것 같다' is used to express the speaker's presumption about a situation or a person. It has the same meaning as 'It seems that...'

2. FORM

'-는 것 같다' is used with verbs and '있다/없다'. It is always attached directly to the end of the verb stem.

듣다 → 듣는 것 같다
하다 → 하는 것 같다

e.g. 제니 씨가 음악을 듣는 것 같아요.
제니 씨 방에서 음악 소리가 나요.

A 옆집에서 파티를 하는 것 같아요.
B 네, 시끄럽지요? 창문을 닫을까요?
A 네, 창문 좀 닫아 주세요. 감사합니다.

NOTE

ㄹ 불규칙 (Irregular) p 252

e.g. 한스 씨가 식당 아주머니를 잘 아는 것 (알다) 같아요. 두 사람이 오래 이야기해요.

★ (동사) -은 것 같다

1. MEANING

'(verb) -은 것 같다' is used to express the speaker's presumption about a past event.

2. FORM

'-은 것 같다' is used with verb stems ending in a consonant and '-ㄴ 것 같다' with verb stems ending in a vowel.

먹었다 → 먹은 것 같다
갔다 → 간 것 같다

e.g. 지훈 씨가 아까 배고프다고 했어요. 배고파서 케이크를 다 먹은 것 같아요.
학생들이 모두 집에 간 것 같아요. 교실에 아무도 없어요.

NOTE

1. ㄹ 불규칙 (Irregular) p 252

e.g. 소라 씨가 운 것 같아요.
(울다)

2. ㄷ 불규칙 (Irregular) p 251

e.g. 렌핑 씨가 다리가 아프다고 했어요.
어제 등산 가서 많이 걸은 것 같아요.
(걷다)

Summary

	현재(present)	과거(past)	미래(future)
동사 (verb)	**-는 것 같다** 먹는 것 같다 가는 것 같다	**-은 것 같다** 먹은 것 같다 간 것 같다	see unit 12
있다/없다	**-는 것 같다** 있는 것 같다 없는 것 같다		
형용사 (adjective)	**-은 것 같다** 좋은 것 같다 나쁜 것 같다		
이다/아니다	**-ㄴ 것 같다** 인 것 같다 아닌 것 같다		

Vocabulary for expressing one's feelings

기쁘다
glad, happy – used to describe a short-term or time-specific feeling:

e.g. 첫 월급을 받아서 기뻐요.
I'm glad to have gotten my first paycheck.

행복하다
happy – used to describe a long-term or continuing feeling:

e.g. 가족하고 같이 있어서 행복해요.
I'm happy to be with my family.

신나다
excited:

e.g. 댄스 음악을 들으면 신나요.
I get excited when I listen to dance music.

슬프다 sad:

e.g. 할머니가 돌아가셔서 슬퍼요.
I'm sad because my grandmother passed away.

심심하다
bored:

e.g. 할 일이 없어서 심심해요.
I'm bored because I have nothing to do.

무섭다
scared:

e.g. 밤에 집에 혼자 있으면 무서워요.
I feel scared when I'm home alone at night.

12

주말이니까 나가자

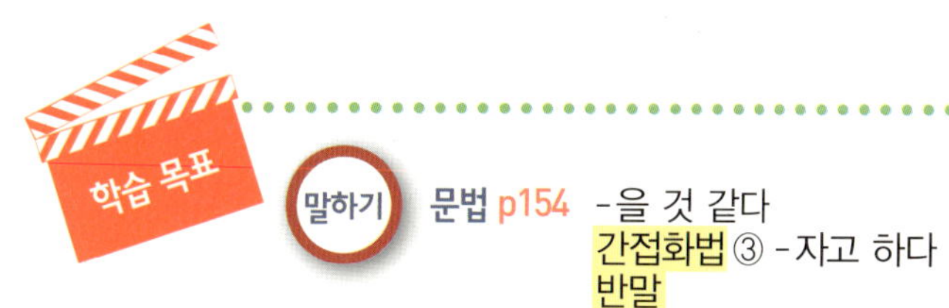

문법 p154 -을 것 같다
간접화법 ③ -자고 하다
반말

대화 p158 제안하기

p159 운이 없어!

12과
말하기
문법1

-을 것 같다

Grammar Reference ➡ p 166

대답해 보세요.

1. A 내일 만날 수 있어요?
   B 내일은 아르바이트가 있어서
    .
   시간이 없다

2. A 언제 회의가 끝나요?
   B 지금 55분이니까 금방 ________________.
   끝나다

3. A 리엔 씨가 수업 후에 뭐 할 것 같아요?
   B 리엔 씨가 집에 일찍 ________________.
   가다

4. A 토요일에 같이 쇼핑하러 갈까요?
   B 토요일에 가면 사람이 ________________.
   많다

5. A 일요일에 놀러 가서 많이 걸어야 해요?
   B 네, 산에 가니까 많이 ________________.
   ✪ 걷다

그림 카드를 이용해서 이야기해 보세요.

앤디 씨가 뭐 할 것 같아요?

요리할 것 같아요.

p 166 ← Grammar Reference

간접화법 ③ -자고 하다

날씨가 좋으니까 산책합시다.
앤디 씨가 뭐라고 했어요?
앤디 씨가 산책하자고 했어요.

문장을 완성해 보세요.

식사하러 갑시다.

같이 중국 음식 먹어요.

중국 음식은 어제 먹었으니까 다른 식당에 가요.

식사한 다음에 공원에서 좀 걸읍시다.

투안 씨가 식사하러 가 자고 했어요 .

한스 씨가 같이 중국 음식 먹 ________________.

리엔 씨가 중국 음식은 어제 먹었으니까 다른 식당에 ________________.

제니 씨가 식사한 다음에 공원에서 좀 ________________.

파티 계획을 세우세요.

언제 파티를 할까요?

금요일에 시험이 끝나니까 토요일에 합시다.

	렌핑
1. 요일/시간	토요일
2. 장소	한스 씨 집
3. 음식	
4. 프로그램	

친구가 뭐라고 했어요? 같이 이야기해 보세요.

렌핑 씨가 금요일에 시험이 끝나니까 토요일에 파티를 하자고 했어요.

반말

Grammar Reference ➡ p 167

유리야! 여기에서 뭐 해?
민수 기다리고 있어.

대답해 보세요.

1. **A** 지금 뭐 해?
   B 지금 숙제해 .

2. **A** 뭐 읽고 있어?
   B 만화책 ______________.

3. **A** 여기에 언제 왔어?
   B 10분 전에 ______________.

4. **A** 어디에서 저녁 먹을 거야?
   B 하숙집에서 ______________.

5. **A** 영화 시작 시간이 몇 시야?
   B 5시 반 ______________.

카드를 이용해서 이야기해 보세요.

A 보통 집에 가서 뭐 해?
B 집에 가서 숙제하고 텔레비전을 봐.
A 보통 어떤 프로그램을 봐?
B 드라마나 예능을 봐.

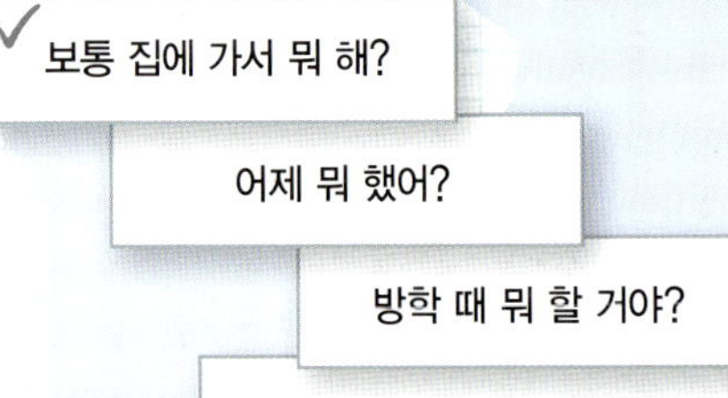
보통 집에 가서 뭐 해?
어제 뭐 했어?
방학 때 뭐 할 거야?
작년 크리스마스에 뭐 했어?

p 167 ← Grammar Reference

반말

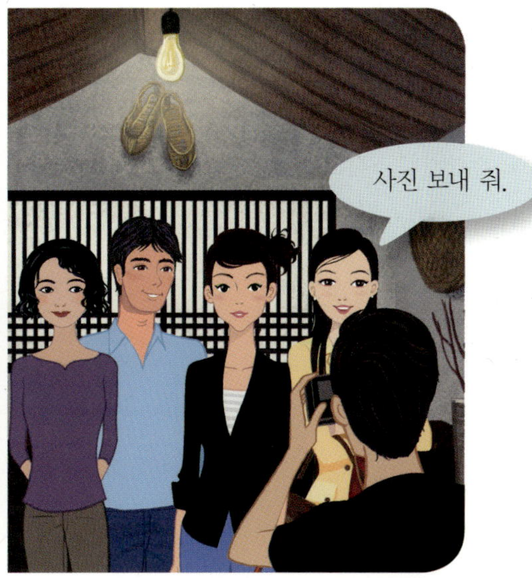

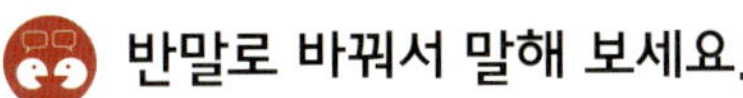

반말로 바꿔서 말해 보세요.

1. 들어오세요. (들어와.)
2. 문 좀 닫아 주세요.
3. 같이 사진 찍읍시다.
4. 택시 탑시다.

반말로 바꿔서 말해 보세요.

민수야, 우리 이번 주말에
같이 야구 보러 가자!

유리 : 민수 씨, 우리 이번 주말에 같이 야구 보러 가요!
민수 : 좋아요. 그런데 유리 씨, 어디에서 만날까요?
유리 : 종합운동장 역에서 만납시다.
혹시 다른 일이 생기면 전화해 주세요.

반말로 여행 계획을 세워 보세요.

시간과 돈이 많이 있으니까 자유롭게 만들어 보세요.

• 가고 싶은 곳	• 먹고 싶은 것
• 사고 싶은 것	• 하고 싶은 것

방학 때 어디로 여행 갈까?

터키로 가자.
자연 경치가 아름답다고 해.

나는 그리스가 더 좋을 것 같아.

그럼, 터키도 가고 그리스도 가자.

12과 말하기 대화

제안하기

MP3 45

친구하고 같이 밖에 나가고 싶습니다. 어떻게 말합니까?
유리야,
주말이니까 나가자.
그런데 비가 올 것 같아.
기숙사 A 100~

민수 유리야, 주말이니까 나가자.

유리 그런데 비가 올 것 같아.

민수 비가 오면 어때? 나가자. 내가 점심 살게.

유리 그래. 그럼, 대학로에 가자.

민수 미나한테도 전화해 볼까?

유리 좋아. 한번 전화해 봐.

다음을 이용해서 대화를 만들어 보세요

- 비가 오다
- 눈이 오다
- 바람이 불다
- 밖이 덥다
- 밖이 춥다

운이 없어!

여러분은 이런 경험이 있으세요?

- ☐ 우산을 가지고 나오면 비가 안 오고, 우산을 안 가지고 나오면 비가 와요.
- ☐ 오랜만에 쇼핑을 하면 다음 날 그 가게가 세일을 해요.

소라가 친구들하고 무슨 이야기를 하는 것 같아요?

시험 준비할 때 공부를 한 것은

시험에 안 나와.

우산을 가지고 나오면 비가 안 오고

우산을 안 가지고 나오면 비가 와.

오랜만에 세차하면

조금 후에 비가 와.

오랜만에 쇼핑을 하면

다음날 그 가게가 세일을 해.

빨리 계산할 수 있을 것 같아서 짧은 줄에 서면

그 줄이 제일 느려.

버스를 기다리면 버스가 안 오고

버스가 안 와서 그냥 가면 그때 버스가 지나가.

소라와 소라 친구들이 어떤 얘기를 했어요? 글을 읽고 알맞은 그림을 찾으세요.

1

정말 이상해. 시험을 준비할 때 공부한 것은 시험에 하나도[1] 안 나와. 그리고 공부하지 않은 것은 항상 시험에 나와. 그래서 시험을 볼 때마다 열심히 공부하지만 성적이 나빠. 정말 운이 없지?

이름 : ________

2

나도 비슷해. 내가 오랜만에 쇼핑을 하면 항상 다음날 그 가게가 세일을 해. 지난주에도 백화점에서 10만원짜리 가방을 샀어. 그런데 그 다음날부터 백화점이 세일을 해서 지금은 그 가방을 7만원에 팔아. 정말 속상해.

이름 : ________

3

내 얘기도 들어 봐. 슈퍼마켓에서 빨리 계산할 수 있을 것 같아서 짧은 줄에 서면 그 줄이 제일 느려. 어제도 빨리 계산하려고 짧은 줄에 섰지만 내가 그 줄에 선 다음부터 오래 기다려야 했어.

이름 : ________

4

나도 이상한 일이 있어. 우산을 가지고 나오면 비가 안 오고, 우산을 안 가지고 나오면 비가 와. 어제 아침에도 비가 올 것 같아서 우산을 가지고 나왔어. 그런데 저녁 때까지 비가 안 와서 우산이 필요 없었어. 집에 돌아갈 때까지 우산을 가지고 다녀야 해서 불편했어.

이름 : ________

1) 하나도 안 p 247

5

나는 버스를 탈 때 운이 없어. 내가 버스를 타려고 기다리면 그 버스가 오지 않아. 그런데 버스가 안 와서 걸어가기 시작하면[2] 그때 그 버스가 지나가. 이상해.

이름 : ____________

6

나도 그래. 오랜만에 세차하면 조금 후에 비가 와. 지난 주말에도 그랬어. 차가 더러워서 오랜만에 세차를 했어. 그때에는 비가 안 올 것 같았어. 그런데 오후 늦게 갑자기 비가 왔어. 그때 정말 속상했어.

이름 : ____________

MP3 46

가 **알맞은 것을 찾아서 줄을 그으십시오. 누구 이야기예요?**

1. 세차하면 •	• 그 줄이 제일 느려.
2. 버스를 기다리면 •	• 버스가 오지 않아.
3. 시험 준비할 때 공부한 것은 •	• 조금 후에 비가 와.
4. 짧은 줄에 서면 •	• 다음날 그 가게가 세일을 해.
5. 오랜만에 쇼핑을 하면 •	• 그날 비가 오지 않아.
6. 우산을 가지고 나오면 •	• 시험에 안 나와.

2) -기 시작하다 p 247

나 묻고 대답하십시오.

1. 지훈이는[3] 어떤 얘기를 했어?
2. 현우는 지난주에 왜 속상했다고 했어?
3. 소라는 시험을 볼 때 왜 운이 없다고 했어?
4. 유리가 속상한 이유가 뭐야?
5. 민수는 뭐가 이상하다고 했어?

다 소리 내서 읽으십시오. 끊어 읽기

- 내가 오랜만에 쇼핑을 하면 항상 다음날 그 가게가 세일을 해.
- 우산을 가지고 나오면 비가 안 오고, 우산을 안 가지고 나오면 비가 와.
- 버스가 안 와서 걸어가기 시작하면 그때 그 버스가 지나가.

라 다음을 이용해서 내용을 요약하십시오.

지훈 우산 / 가지다 / 나오다 / 항상 / 비 / 오다
현우 오랜만 / 세차하다 / 항상 / 비 / 오다
소라 시험 / 준비하다 / 공부하다 / 시험 / 나오다
유리 오랜만 / 쇼핑하다 / 항상 / 다음날 / 그 / 가게 / 세일하다
민수 빨리 / 계산하다 / 짧은 줄 / 서다 / 그 줄 / 제일 / 느리다
미나 버스 / 타다 / 기다리다 / 버스 / 오다

마 해 봅시다.

여러분도 비슷한 경험이 있으세요?
얘기해 보세요.

친구를 식당에 데리고 갔어.
그런데 식당이 휴일이었어.

바 써 봅시다.

'마'에서 얘기한 것을 써 보세요.

3) -이는 p 247

학습 목표

문법

1. -을 것 같다

A : 이 영화 어떨까?
B : 재미있을 것 같아.

2. 간접화법③ -자고 하다

A : 오늘 뭐 해?
B : 소라가 대학로에 가자고 했어.
대학로에서 연극을 볼 거야.

3. 반말

A : 우산 있어?
B : 어, 있어.

단어 표현

■ 동사 verb ▲ 형용사 adjective ● 명사 noun ◆ 부사 adverb □ 기타/표현 etc/expression

대화

□ 바람이 불다	to be windy
□ 밖이 덥다	to be hot outside
□ 밖이 춥다	to be cold outside
□ 비가 오면 어때?	So what if it rains?

읽고 말하기

■ 계산하다	to pay
■ 시험에 나오다	to appear on a test
■ 세일하다	to be on sale
■ 세차하다	to wash a car
■ 지나가다	to pass by
■ 팔다	to sell
▲ 느리다	to be slow
▲ 더럽다	to be dirty
▲ 비슷하다	to be similar
▲ 속상하다	to be sad / distressed
▲ 이상하다	to be strange
▲ -이/가 필요 없다	to be unnecessary
□ 가지고 나오다	to bring (something) out
□ 가지고 다니다	to carry (something) around
□ 성적이 나쁘다	for one's school grades to be bad
□ 시험을 보다	to take an exam
□ 10만원 짜리	something worth 100,000 won
□ 오랜만에	after a long time
□ 운이 없다	to be unlucky
□ 줄에 서다	to stand in line
□ 버스가 지나가요.	The bus passed by.

MP3 47

✓ Self check

지난 주말에 대해서 얘기해 보세요. ['반말'을 사용하세요.]
Talk about what you did last weekend. [Remember to use 반말 (casual speech style).]

Grammar Reference

❶ -을 것 같다
❷ 간접화법③ -자고 하다
❸ 반말

❶ -을 것 같다

1. MEANING

'-을 것 같다' is used to express the speaker's presumption about a situation or a person in the future. It has the same meaning as 'It seems that (someone/something) will...'

2. FORM

1) '-을 것 같다' is used with verbs, adjectives, (noun)이다, and '있다/없다'.

2) '-을 것 같다' is used with stems ending in a consonant, and '-ㄹ 것 같다' with stems ending in a vowel.

	Stems ending in a consonant	Stems ending in a vowel
동사 (verb) / 형용사 (adjective)	**-을 것 같다** 먹을 것 같다 좋을 것 같다	**-ㄹ 것 같다** 올 것 같다 나쁠 것 같다
있다/없다	**-을 것 같다** 있을 것 같다 없을 것 같다	
이다/아니다	**-ㄹ 것 같다** 일 것 같다 아닐 것 같다	

e.g. 날씨가 안 좋아요. 비가 올 것 같아요.
[토요일 오후]
A 주말이니까 대학로에 갈까요?
B 이 시간에 대학로에 가면 사람이 너무 많을 것 같아요. 다른 곳으로 갑시다.

NOTE

1. ㄹ 불규칙 (Irregular) p 252
ㄹ irregular verbs and adjectives are expressed by adding '-것 같다' to the stem[1].
e.g. 내년에 한 달쯤 부산에서 살 것 같아요. (살다)

2. ㄷ 불규칙 (Irregular) p 251
e.g. 내일 소풍 가서 많이 걸을 것 같아요. (걷다)
그러니까 편한 신발을 신고 오세요.

3. ㅂ 불규칙 (Irregular) p 251
e.g. 이번 시험이 어려울 것 같아요. (어렵다)
그래서 친구들이 모두 걱정해요.

❷ -자고 하다 (Reported speech form)

1. MEANING

'-자고 하다' is used to quote what someone said[2]. '-자고 하다' is used when the predicate of the quoted speech is a verb and a suggestion (such as '-을까요?', '-읍시다', etc.).

2. FORM

1) '-자고 하다' is always attached directly to the end of the verb stem.
"찍읍시다" → 찍자고 하다
"갑시다" → 가자고 하다

1) With the stems of verbs and adjectives ending in ㄹ (such as 만들다, 살다, 놀다, 알다, and 길다) the final ㄹ is considered to be more of a vowel than a consonant. Therefore, instead of '을 것 같다', the form 'ㄹ 것 같다' is used. For example, '만들 것 같다' is the correct form, not '만들을 것 같다'.
2) In Korean, there are several endings for reported speech. The endings of reported speech depend on the predicate (verb, adjective, or 이다), the tense, and the mood (statement, question, command, or suggestion) of the sentence.

> **e.g.** 지훈: "같이 사진 찍읍시다."
> → 지훈 씨가 같이 사진 찍자고 했어요.
> 투안: "주말에 여행 갑시다."
> → 투안 씨가 주말에 여행 가자고 했어요.

2) When the original speech being reported is in the negative form, '-지 말자고 하다' is used.

"찍지 맙시다" → 찍지 말자고 하다
"가지 맙시다" → 가지 말자고 하다

> **e.g.** 한스: "여기에서 사진을 찍지 맙시다.
> → 한스 씨가 여기에서 사진을 찍지 말자고 했어요.
> 완: "다음 주에 시험이 있으니까 이번 주말에 파티하지 맙시다."
> → 완 씨가 다음 주에 시험이 있으니까 이번 주말에 파티하지 말자고 했어요.

❸ 반말 (Casual speech style)

1. MEANING

반말 is a speech style that is more casual and less polite than -아/어요.

It is used (1) between friends of the same age or close friends of a similar age, (2) to people younger than oneself, and (3) to children[3] (or subordinates in a company).

3) The use of 반말 depends on the degree of closeness between speaker and listener. It should be used carefully because the listener may take it as a sign of disrespect and be offended.
However, as two people get to know each other better, they may grow close enough that they naturally start using 반말 in their conversations.

Korean speech style

1. Formal polite speech style: -습니다
2. Informal polite speech style: -아/어요
3. Casual speech style: -아/어

2. FORM

1) Statement or question in casual speech

① If you remove '요' from the '-아/어요' form (informal polite speech), it becomes casual speech.

	현재 (present)	과거 (past)
좋다	좋아	좋았어
마시다	마셔	마셨어

> **e.g.** A 오늘 영화 볼까?
> B 좋아.
> A 하루에 커피 몇 잔 마셔?
> B 두 잔 마셔.
> A 앤디하고 통화했어?
> B 어, 조금 전에 했어.
> A 오늘 투안 봤어?
> B 아니, 못 봤어.

② '-이다' is changed to '-이야', and '아니다' is changed to '아니야'.

친구예요 → 친구야
동생이에요 → 동생이야
아니에요 → 아니야

> **e.g.** A 저 사람이 누구야?
> B 파울로 친구야.
> A 저 사람이 누구야?
> B 미나 동생이야.
> A 렌핑 책이야?
> B 이건 렌핑 책이 아니야. 투안 책이야.

③ In the future tense, it is changed to '-을 거야'.

찍을 거예요 → 찍을 거야

갈 거예요 → 갈 거야

e.g. 여행 가서 사진을 많이 찍을 거야.
내일 영화 보러 갈 거야.

④ In 반말, 'Yes' is '어/응' and 'No' is '아니'.
네 → 어/응
아니요 → 아니

e.g. A 소라한테 전화했어?
B 어, 했어.
A 오늘이 15일이야?
B 응.
A 숙제 다 했어?
B 아니, 조금 더 해야 돼.

	가다	좋다
현재 (present)	가	좋아
과거 (past)	갔어	좋았어
미래(future)/추측(guess)	갈 거야	좋을 거야

	친구이다	동생이다	아니다
현재 (present)	친구야	동생이야	아니야
과거 (past)	친구였어	동생이었어	아니었어
미래 (future)/ 추측(guess)	친구일 거야	동생일 거야	아닐 거야

2) Command in casual speech

① A command in casual speech has the same form whether it be presented as a statement or as a question. If you delete '요' from '-아/어요', it becomes a command.
앉으세요 → 앉아요 → 앉아
오세요 → 와요 → 와

e.g. A 다리 아파.
B 그럼, 여기 앉아.
A 내일 학교에 일찍 와.
B 어, 알았어.

② When it is in the negative form, '-지 마' is used.
먹지 마세요 → 먹지 마
나가지 마세요 → 나가지 마

e.g. A 샌드위치 맛있어?
B 아니, 이 샌드위치는 맛이 없으니까 먹지 마.
A 이 영화 어때? 재미있어?
B 아니, 재미없어. 보지 마.

3) Suggestion in casual speech

① '-자' is added to the verb stem.
먹다 → 먹자
나가다 → 나가자

e.g. 점심 시간이야. 밥 먹자.
심심하니까 밖에 나가자.

② When using the negative form, '-지 말자' is used.
먹지 맙시다 → 먹지 말자
나가지 맙시다 → 나가지 말자

e.g. [식당]
A 갈비 먹을까?
B 그건 비싸니까 다른 거 먹자. 불고기 어때?
A 어, 좋아.
A 운동하러 나갈까?
B 날씨가 안 좋으니까 나가지 말자.

NOTE

Add '-아/야' at the end of a name to call someone's attention.
'-아' is used with names ending in a consonant, and -야 with names ending in a vowel.
지훈 → 지훈아
미나 → 미나야

e.g. A 지훈아, 오늘 날씨 어때?
B 좋아. 날씨가 좋으니까 공원에 가서 운동 좀 하자.
A 미나야, 지금 뭐 해?
B 이메일 읽고 있어. 왜?

NOTE

〈 Pronoun change 〉

In casual speech, personal pronouns are changed as follows:

SPEAKER	
polite speech	casual speech
저는	나는
제가	내가
저를	나를
저도	나도
저한테	나한테
제	내

LISTENER	
polite speech	casual speech
–	너는
	네가
	너를
	너도
	너한테
	네

e.g. 나는 앤디 전화번호를 몰라.
내가 도와줄게.
나를 봐.
나도 매운 음식을 좋아해.
내 책이야.
너한테 히로미 책을 줄게.
히로미한테 좀 전해 줘.

Family titles

언니 what a female speaker calls her older sister
오빠 what a female speaker calls her older brother
누나 what a male speaker calls his older sister
형 what a male speaker calls his older brother

TIP

In Korea, no matter how close your relationship is, you do not call someone your '친구' (friend) unless they are the same age as you. On the other hand, no matter how close you are to someone who is older than you, you do not call them by their name but rather by one of the family titles listed above. Additionally, even if you are not very close to them, someone who is slightly older than you that you know from your neighborhood, school, or church should also be called '형', '누나', '언니', or '오빠'.

With someone who is slightly older than you but with whom you have a close relationship, you should still call them '형', '누나', '언니', or '오빠' but you can use '반말' (casual speech style) when speaking with them.

e.g. A: 언니, 지금 어디 가? Onni, where are you going?
B: 서점에 가. 너는? I'm going to the bookstore. You?
A: 나도. 같이 가자. Me too. Let's go together.

13

어렸을 때는 스케이트를 탔는데 요즘은 안타요

문법 p172 (형용사) - 은데 ①
(동사) - 는데 ①

대화 p174 옛날과 지금 비교하기

p175 옛날 이야기 〈콩쥐 팥쥐〉

13과

말하기 문법1

(형용사) -은데①

Grammar Reference ➡ p 180

대답해 보세요.

1. A 방이 어때요?
   B 신라 호텔은 __큰데__ 오렌지 호텔은 작아요.

2. A 방이 어때요?
   B 신라 호텔은 ______________
   오렌지 호텔은 좀 더러워요.

3. A 공항에서 멀어요?
   B 신라 호텔은 공항에서 ______________
   오렌지 호텔은 공항에서 가까워요.

카드를 이용해서 문장을 만들어 보세요.

지하철역은 가까운데
버스 정류장은 멀어요.

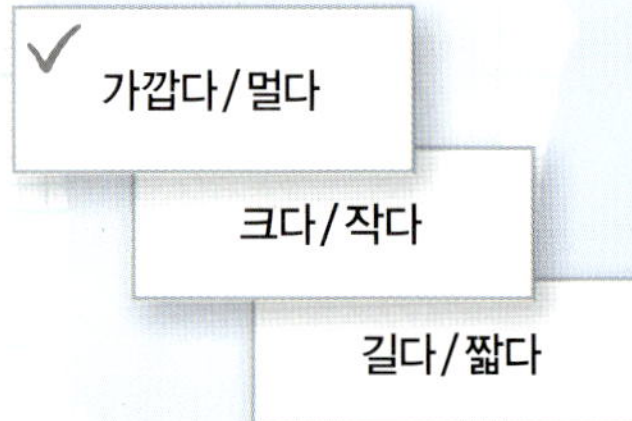

p 180 ⬅ Grammar Reference

(동사) -는데①

두 분 다 회사에서 일해요?
아니요. 한스 씨는 회사에서 일하는데 제임스 씨는 영어 학원에서 영어를 가르쳐요.

대답해 보세요.

1. A 두 분 다 매운 음식을 잘 드세요?
   B 한스 씨는 잘 먹는데
   제임스 씨는 잘 못 먹어요.

2. A 두 분 다 노래를 잘 불러요?
   B 한스 씨는 노래를 ______
   제임스 씨는 노래를 못 불러요.

3. A 두 분 다 스키 탈 줄 알아요?
   B 제임스 씨는 탈 줄 ______
   한스 씨는 탈 줄 몰라요.

4. A 두 분은 어디에서 왔어요?
   B 제임스 씨는 캐나다에서 ______
   한스 씨는 독일에서 왔어요.

5. A 두 분은 한국에 오기 전에 뭐 했어요?
   B 제임스 씨는 학생 ______
   한스 씨는 회사원이었어요.

친구한테 물어보세요.

	앤디	미나
어떤 음식을 잘 먹어요?	샌드위치	김밥
하루에 몇 시간 자요?		
어디에서 살아요?		
하루에 몇 시간 공부해요?		

'-는데'를 이용해서 말해 보세요.

어떤 음식을 잘 먹어요?

앤디 씨는 샌드위치를 잘 먹는데 미나 씨는 김밥을 잘 먹어요.

13과
말하기
대화

옛날과 지금 비교하기

MP3 48

친구한테 어렸을 때 사진을 보여 줍니다. 사진에 대해서 어떻게 말합니까?

소라 이거 언제 찍은 사진이에요?

제니 열 살 때 찍은 사진이에요.

소라 어렸을 때 스케이트 타는 것을 좋아했어요?

제니 네, 좋아했어요.

소라 요즘도 스케이트 타세요?

제니 아니요, 어렸을 때에는 많이 탔는데 요즘은 안 타요.

스케이트를 타다

기타를 치다

피아노를 치다

그림을 그리다

축구를 하다

〈신데렐라〉 이야기를 아세요? 같이 이야기해 보세요.

그림을 보고 〈콩쥐팥쥐〉 이야기를 생각해 보세요. 3번 그림 이야기를 생각해 보세요.

콩쥐는 어떻게 잔칫집에 갈 수 있었어요?

콩쥐 팥쥐

옛날에 콩쥐가 살고 있었습니다. 콩쥐 어머니는 콩쥐가 어렸을 때 돌아가셨습니다. 그 후 아버지는 새엄마와 결혼했습니다. 새엄마는 딸 팥쥐를 데려왔습니다. 콩쥐와 팥쥐는 많이 달랐습니다. 콩쥐는 착한데 팥쥐는 착하지 않았습니다. 새엄마는 착한 콩쥐한테만[1] 일을 시켰습니다. 그래서 콩쥐는 일만 하는데 팥쥐는 항상 놀았습니다. 하지만 착한 콩쥐는 불평하지 않았습니다.

어느 날 옆 동네에서 잔치가 있었습니다. 그런데 새엄마가 콩쥐한테 일을 시키고 팥쥐만 데려갔습니다. 콩쥐도 그 잔치에 가고 싶었지만 집에서 혼자 일을 해야 했습니다. 콩쥐는 너무 슬퍼서 울었습니다. 그때 선녀가 콩쥐 앞에 나타났습니다. 선녀가 콩쥐의 일을 도와줘서 콩쥐가 일을 빨리 끝낼 수 있었습니다. 일이 다 끝난 다음에 선녀가 콩쥐한테 예쁜 옷과 신발을 줬습니다.

"콩쥐야, 일이 다 끝났으니까 빨리 잔치에 가 봐."

1) -한테만 p 247

콩쥐는 선녀가 가져온 옷을 입고 잔칫집[2)]으로 뛰어갔습니다. 그런데 다리를 건널 때 신발 한 짝이 물에 빠졌습니다. 콩쥐는 신발을 주울 수 없어서 그냥 잔칫집에 가야 했습니다.

조금 후에 원님이 그 다리를 지나갔습니다. 그때 원님이 콩쥐가 잃어버린 신발을 봤습니다. 그 신발에서 빛이 났습니다. 원님은 그 신발이 아름답고 특별해서 신발 주인을 만나 보고 싶었습니다. 그래서 원님 밑에서 일하는 사람이 그 신발 주인을 찾으러 동네 잔칫집에 갔습니다. 그 사람이 잔칫집에 가서 그 곳에 온 사람들한테 말했습니다.

"제가 이 신발 주인을 찾고 있습니다. 여기에 온 여자들은 모두 이 신발을 신어 보세요."

잔치에 온 여자들은 모두 그 신발을 신어 봤습니다. 팥쥐도 그 신발을 신어 봤습니다. 그런데 그 신발이 팥쥐한테 작았습니다. 마지막으로 콩쥐가 그 신발을 신어 봤습니다. 그 신발은 콩쥐한테 딱 맞았습니다.

원님은 그 신발 주인을 찾아서 기뻤습니다. 그리고 동네 사람한테서 콩쥐 이야기를 듣고 콩쥐의 착한 마음에 감동했습니다. 그래서 콩쥐와 원님은 결혼을 하고 오래오래 행복하게 살았습니다.

MP3 49

2) 잔칫집 p 247

13과
읽고말하기

가 글을 읽고 메모하십시오.

두 사람이 어떻게 다릅니까?

	콩쥐	팥쥐
1	착해요.	
2		항상 놀아요.

나 맞으면 ○, 틀리면 × 하십시오.

1. 새엄마는 팥쥐한테만 일을 시켰습니다. ( )
2. 콩쥐는 선녀가 도와줘서 잔칫집에 갈 수 있었습니다. ( )
3. 다리를 건널 때 콩쥐가 물에 빠졌습니다. ( )
4. 원님은 신발이 특별해서 신발 주인을 만나 보고 싶었습니다. ( )
5. 신발은 콩쥐한테 조금 작았습니다. ( )

다 묻고 대답하십시오.

1. 콩쥐와 팥쥐는 어떻게 달랐습니까?
2. 콩쥐는 어떻게 잔칫집에 갈 수 있었습니까?
3. 콩쥐는 왜 신발 한 짝을 잃어버렸습니까?
4. 원님은 왜 신발 주인을 찾으려고 했습니까?
5. 원님은 신발 주인을 어떻게 찾았습니까?

라 소리 내서 읽으십시오. 발음

- 콩쥐가 다리를 건널 때
  신발 한 짝이 물에 빠졌습니다.
- 그 신발은 콩쥐한테 딱 맞았습니다.

마 p175 그림을 이용해서 내용을 요약하십시오.

바 해 봅시다.

콩쥐가 울고 있을 때
선녀가 콩쥐 앞에 나타났어요.
콩쥐와 선녀의 대화를 만들어
보세요.

사 써 봅시다.

p175 그림을 보고 이야기를 써 보세요.

학습 목표

문법

1. [형용사] -은데①

A : 앤디 씨는 앤디 씨 형하고 성격이 비슷해요?

B : 아니요, 형은 조용한데 저는 안 그래요.

2. [동사] -는데①

A : 히로미 씨, 일본 요리 잘 하세요?

B : 아니요, 제 언니는 일본 요리를 잘 하는데 저는 못해요.

단어 표현

■ 동사 verb ▲ 형용사 adjective ● 명사 noun ◆ 부사 adverb □ 기타/표현 etc/expression

대화

□ 어렸을 때 — in one's childhood, when one was young

읽고 말하기

■ 감동하다 — to be moved emotionally, to be touched
■ 나타나다 — to appear
■ 돌아가시다 — to pass away (die)
■ 데려오다 — to bring (someone) out
■ 뛰어가다 — to run (away / to)
■ 불평하다 — to complain
■ 줍다 — to pick up
▲ 기쁘다 — to be glad
▲ 아름답다 — to be beautiful
▲ 특별하다 — to be special
▲ 착하다 — to be nice (have a nice personality)
● 동네 — neighborhood
● 딸 — daughter
● 밑 — under
● 새엄마 — stepmother
● 선녀 — a Korean female angel [in a folk tale]
● 원님 — local magistrate [in a folk tale]
● 잔치 — feast
　잔칫집 — house holding a feast
□ 다리를 건너다 — to cross a bridge
□ 물에 빠지다 — to fall into water
□ 마지막으로 — for the last time / lastly
□ 빛이 나다 — to shine
□ 신발이 딱 맞아요. — The shoes fit perfectly.
□ 신발 주인 — owner of the shoes
□ 신발 한 짝 — one shoe
□ 어느 날 — one day (when telling a story)
□ 오래오래 — ever after (in folk tales)
□ 일을 시키다 — to make (someone) work
□ 일을 끝내다 — to finish work
□ 착한 마음 — warm heart

MP3 50

✓ Self check

1. ○○ 씨는 성격이 어때요? 어렸을 때의 성격과 비교해서 말해 주세요. ['-았/었는데'를 사용하세요.]
What is your personality like? Compare your personality now with your personality when you were young. [Remember to use '-았/었는데'.]
2. 형제에 대해서 얘기해 보세요. ['-은데', '는데' 를 사용하세요.]
Talk about your siblings. [Remember to use '-은데' and '는데'.]

Grammar Reference

❶ -은데 ①
❷ -는데 ①

❶ (형용사) -은데 ①

1. MEANING

'(adjective) -은데' is used to contrast two facts or conditions. It has the same meaning as '… but …'.

2. FORM

1) '-은데' is always attached directly to the end of the adjective stem.

2) '-은데' is used with adjective stems ending in a consonant, and '-ㄴ데' is used with adjective stems ending in a vowel.

작다 → 작은데
똑똑하다 → 똑똑한데

e.g. 제 방은 작은데 언니 방은 커요.
미나 씨는 똑똑한데 저는 안 그래요.

NOTE

1. ㄹ 불규칙 (Irregular) p 252

e.g. 제니 씨는 머리가 긴데 (길다)
히로미 씨는 머리가 짧아요.

2. ㅂ 불규칙 (Irregular) p 251

e.g. A 요즘 일본어 공부하지요? 일본어 공부 어때요?
B 쉽지 않아요. 저한테 한국어 공부는 쉬운데 (쉽다) 일본어는 어려워요.

NOTE

In order to emphasize the sense of contrast, '-은/는' is added to the subjects that are being compared.
When the people or things being compared are the subjects or objects of the sentence, '-이/가' or '-을/를' is replaced by '-은/는'.

e.g. 지하철은 항상 빠른데 차는 그렇지 않아요.
출근 시간에 차로 빨리 갈 수 없어요.

In other cases, '-은/는' is added to markers such as '-에,' '-에서', '-한테' to form '-에는', '-에서는', and '-한테는'.

e.g. 앤디 씨가 학교에서는 말을 많이 하는데
집에서는 조용해요.

❷ (동사) -는데 ①

1. MEANING

"(verb) -는데' is used to contrast two facts or conditions. It has the same meaning as '… but …'.

2. FORM

1) '-는데' is used with verbs and '있다/없다'.

입다 → 입는데
좋아하다 → 좋아하는데
없다 → 없는데

e.g. 히로미 씨는 보통 치마를 입는데
제니 씨는 보통 바지를 입어요.

히로미 씨는 과일을 좋아하는데
제니 씨는 고기를 좋아해요.

히로미 씨는 자전거가 없는데
제니 씨는 자전거가 있어요.

NOTE

1. ㄹ 불규칙 (Irregular) p 252

e.g. 한스 씨는 아파트에 사는데 (살다)
앤디 씨는 하숙집에 살아요.

2) '-았/었는데' can be used to describe a past event or state. '-았는데' is used when stems involve 'ㅏ', 'ㅗ', and '-었는데' is used with all other stems (except '하' of '하다').

타다 → 탔는데
먹다 → 먹었는데
숙제하다 → 숙제했는데

e.g. 어렸을 때는 스케이트를 많이 탔는데 지금은 안 타요.
소라 씨는 점심을 먹었는데 미나 씨는 안 먹었어요.
앤디 씨는 숙제했는데 한스 씨는 안 했어요.

NOTE

1. 으 불규칙 (Irregular) p 251
   e.g. 어제는 바빴는데 (바쁘다) 오늘은 안 바빠요.
2. ㄷ 불규칙 (Irregular) p 251
   e.g. 어제는 음악을 들었는데 (듣다) 오늘은 음악을 안 들었어요.
3. ㅂ 불규칙 (Irregular) p 251
   e.g. 지난주에는 많이 추웠는데 (춥다) 이번 주에는 안 추워요.
4. 르 불규칙 (Irregular) p 252
   e.g. 어렸을 때는 노래를 많이 불렀는데 (부르다) 요즘은 안 불러요.

Summary

	현재 (present)	과거 (past)
동사 (verb)	**-는데** 먹는데 가는데	**-았/었는데** 먹었는데 갔는데
형용사 (adjective)	**-은데** 좋은데 나쁜데	좋았는데 나빴는데
있다/없다	**-는데** 있는데 없는데	있었는데 없었는데
이다/아니다	**-ㄴ데** 인데 아닌데	학생이었는데 학생이 아니었는데

Asking someone's age (based on how old they look)

1) The expression you use to ask someone's age depends, somewhat ironically, on how old they are. Make a rough estimate of their age based on their appearance before you select which expression to use.

- When asking the age of someone who looks younger than you

  A: 남동생은 몇 살이에요? (22) B: 스물 두 살이에요.

- When asking the age of someone who appears to be the same age or slightly older than you

  A: 큰형은 나이가 어떻게 되세요? B: 서른 살이에요. (30)

- When asking the age of someone who appears to be from your parent's generation or older

  A: 아버지 연세가 어떻게 되세요? B: 쉰 둘이세요. (52)

2) Family titles

Eldest brother	큰형	older brother (but not the eldest brother)	작은형
older sister	누나	little brother	남동생

14

아무리 바빠도 운동을 해야 해요

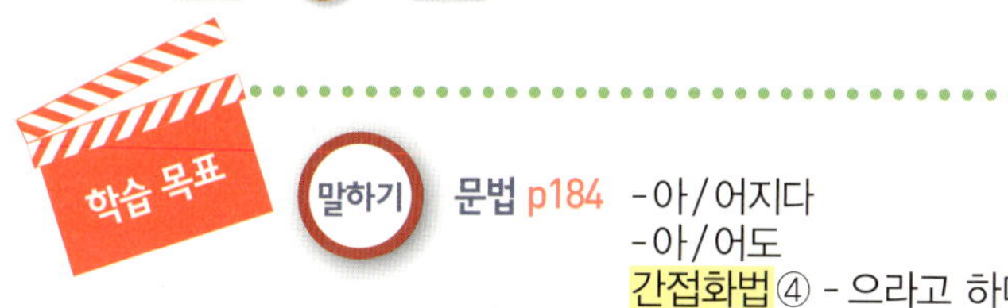

문법 p184 -아/어지다
-아/어도
간접화법④ -으라고 하다

대화 p187 번명히기

p188 건강을 지키는 방법을 알아보겠습니다

-아/어지다

Grammar Reference ➡ p 192

잘못 세탁해서
옷이 작아졌어요.

대답해 보세요.

1. A 왜 옷이 더러워졌어요?
   B 아까 축구를 해서 옷이 더러워졌어요 .
   ✪ 옷이 더럽다
2. A 수잔 씨, 발음이 정말 좋으세요.
   B 네, 연습을 열심히 해서 ______________.
   발음이 좋다
3. A 히로미 씨, 기분이 좋은 것 같아요.
   B 네, 시험이 끝나서 ______________.
   ✪ 마음이 가볍다

묻고 대답해 보세요.

1. A 한국에서는 몇 월이 되면 따뜻해져요 ?
   B 4월이 되면 ______________.
2. A 어떻게 하면 ______________?
   B ______________.
   ✪ 예쁘다
3. A 한국에서는 몇 월이 되면 ______________?
   B ______________.
   ✪ 춥다

카드를 이용해서 이야기해 보세요.

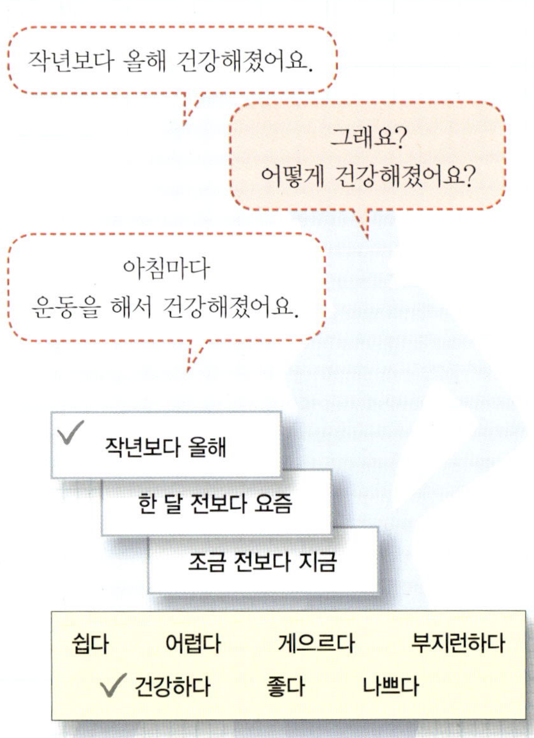
작년보다 올해 건강해졌어요.
그래요?
어떻게 건강해졌어요?
아침마다
운동을 해서 건강해졌어요.
✓ 작년보다 올해
한 달 전보다 요즘
조금 전보다 지금
쉽다 어렵다 게으르다 부지런하다
✓ 건강하다 좋다 나쁘다

p 192 Grammar Reference

-아/어도

저는 결석 안 해요.
비가 와도 학교에 가요.
아파도 학교에 가요.

카드를 이용해서 말해 보세요.

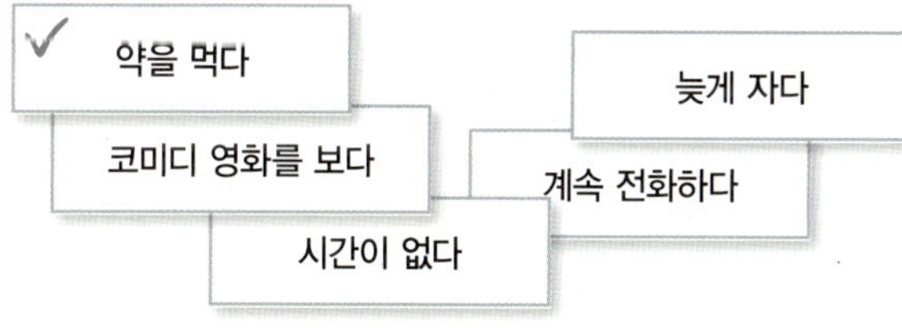

약을 먹다
코미디 영화를 보다
시간이 없다
늦게 자다
계속 전화하다

1. 약을 먹어도 낫지 않아요.
2. ______ 받지 않아요.
3. ______ 일찍 일어나요.
4. ______ 웃지 않아요.
5. ______ 여행을 자주 가요.

같이 이야기해 보세요.

사랑하면 어떻게 돼요?

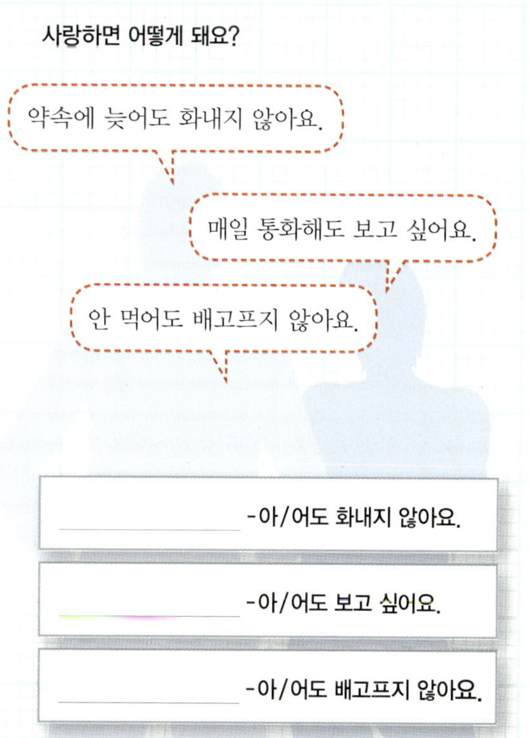

약속에 늦어도 화내지 않아요.
매일 통화해도 보고 싶어요.
안 먹어도 배고프지 않아요.

______ -아/어도 화내지 않아요.

______ -아/어도 보고 싶어요.

______ -아/어도 배고프지 않아요.

14과 말하기 문법3

간접화법④ -으라고 하다

Grammar Reference ➡ p 193

바꿔서 말해 보세요.

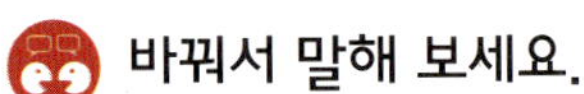

✓ 앤디 "시험 보니까 조용히 하세요."

투안 "웃는 것이 건강에 좋으니까 많이 웃으세요."

지훈 "한국말을 연습할 수 있으니까 한국 친구를 사귀세요."

렌핑 "내일은 일요일이니까 집에서 푹 쉬세요."

제니 "머리가 아프면 약을 드세요."

완 "괜찮으니까 걱정하지 마세요."

같이 이야기해 보세요.

먼저 메모하세요.

맞아! 맞아! BEST 3

어렸을 때 엄마가 저한테 ______ 으라고 했어요.

1.

2.

3.

친구들 대답을 알아맞혀 보세요.

일찍 자라고 했어요.

친구하고 싸우지 말라고 했어요.

야채를 많이 먹으라고 했어요.

MP3 51

변명하기

14과 말하기 대화

친구가 같이 운동하자고 합니다. 같이 운동할 수 없을 때 그 이유를 어떻게 말합니까?

한스	타쿠야 씨, 오늘 같이 테니스 쳐요!
타쿠야	미안해요. 오늘은 안 돼요.
한스	약속이 있으세요?
타쿠야	아니요, 허리가 아파서 운동하면 안 돼요.
한스	그래요? 병원에 가 봤어요?
타쿠야	네, 의사 선생님이 다 나을 때까지 운동하지 말라고 했어요.

테니스 치다	허리가 아프다
수영하다	손을 다치다
	목이 붓다
	열이 나다
	기침이 나다

14과
듣고말하기

건강을 지키는 방법을 알아보겠습니다

건강에 좋다[1]고 생각하면 ○, 건강에 안 좋다고 생각하면 × 하세요.

1. 식사한 다음에 차를 마셔요. ( )
2. 자기 전에 운동을 해요. ( )
3. 잠을 많이 자요. ( )
4. 아침에 일어나서 물을 한 잔 마셔요. ( )

조수미 **씨는 무슨 일을 하는 것 같아요?**

라디오 프로그램에 조수미 **씨가 나왔습니다. 진행자가 어떤 질문을 해요?** MP3 52

1) -에 좋다 p 248

가 틀린 것을 찾아서 고치십시오. (네 개)

조수미 씨가 건강을 위해서[2] 무엇을 한다고 했어요?

잠은?

- 하루에 여섯 시간씩[3] 자요.
- 매일 같은 시간에 자고 같은 시간에 일어나요.

식사는?

- 아침을 안 먹어요.
- 식사할 때에 천천히 먹어요.
- 고기를 더 잘 먹어요.

피곤할 때에는?

- 몸이 피곤하면 잠깐 낮잠을 자요.
- 피곤한 날에는 집에 돌아가서 음악을 들어요.

나 묻고 대답하십시오.

1. 조수미 씨는 건강을 위해서 무엇이 제일 중요하다고 했어요?
2. 조수미 씨의 식사 습관은 어때요?
3. 조수미 씨는 피곤할 때 어떻게 해요?
4. 조수미 씨는 발 마사지에 대해서 어떻게 설명했어요?
5. 조수미 씨가 건강을 위해서 하는 것들이 좋다고 생각하세요?

2) -을/를 위해서, 3) -씩 p 248

다 **잘 듣고 빈칸을 채우십시오.** MP3 53

진행자 : 안녕하세요? 조수미 씨.
조수미 : 네, 안녕하세요?
진행자 : ① ______ 감사합니다. 조수미 씨는 공연 때문에 항상 바쁘시지요? 그래도[4] 언제나 아름다우시고 건강하세요.
조수미 : 감사합니다.
진행자 : 건강을 ② ______ 특별히 하시는 거 있으세요?
조수미 : 저는 잘 자는 것이 제일 ③ ______ 생각해요.

라 **잘 듣고 따라 하십시오.** 억양 MP3 54

진행자 : 조수미 씨도 스트레스를 많이 받으시지요?
조수미 : 저는 스트레스를 별로 안 받아요.

마 **다음 요약문을 완성하십시오.**

조수미 씨가 오늘 라디오 프로그램에 나와서 (ㄱ   )을 지키는 방법에 대해서 이야기했습니다. 조수미 씨는 건강을 위해서 (ㅎ   )에 여덟 시간씩 잔다고 했습니다. 그리고 매일 같은 시간에 자고 같은 시간에 일어난다고 했습니다. 또 아침을 꼭 먹고 식사할 때에는 (ㅊ   ) 먹는다고 했습니다. 그리고 고기보다 (ㅇ   )를 더 좋아한다고 했습니다. 몸이 피곤할 때에는 (ㄴ   )을 자거나 발 마사지를 한다고 했습니다.

바 **해 봅시다.**

여러분은 어떻게 건강을 지키세요?
반 친구들에게 건강을 지키는 방법을 물어보세요.

사 **써 봅시다.**

건강을 지키려면 어떻게 해야 해요?
방법을 열 가지 써 보세요.

1. 인스턴트 음식을 먹지 않아야 해요.
2.
3.
4.

4) 그래도 p 248

문법

1. -아/어지다

A : 이리나 씨가 요즘 건강해졌어요.
B : 맞아요. 운동을 시작한 것 같아요.

2. -아/어도

A : 요즘 운동하세요?
B : 네, 아침마다 해요. 아무리 바빠도 날마다 운동해요.

3. 간접화법④ -으라고 하다

A : 의사 선생님이 뭐라고 했어요?
B : 약을 먹고 푹 쉬라고 했어요.

단어 표현

■ 동사 verb ▲ 형용사 adjective ● 명사 noun ◆ 부사 adverb □ 기타/표현 etc/expression

대화

- ■ 다치다 — to be injured
- □ 기침이 나다 — to cough
- □ 다 낫다 — to be completely recovered (from illness)
- □ 목이 붓다 — to have a swollen throat
- □ 열이 나다 — to have a fever
- □ 허리가 아프다 — to have back pain

듣고 말하기

- ● 가수 — singer
- ● 소프라노 — soprano
- ● 진행자 — host

- ◆ 천천히 — slowly
- ◆ 특별히 — especially, in particular
- □ 건강을 지키는 방법 — a way to stay healthy
- □ 마사지를 하다 — to give a massage
- □ 낮잠을 자다 — to take a nap
- □ 스트레스를 받다 — to be stressed
- □ 피로가 풀리다 — to relieve fatigue
- □ 하루에 여덟 시간씩 자다 — to sleep 8 hours every day
- □ 그렇군요. — Oh, I see.
- □ 나와 주셔서 감사합니다. — Thanks for coming.

MP3 55

✓ Self check

1. 친구가 몸이 안 좋은 것 같습니다. 어떻게 조언해 줄 수 있어요? ['-아/어도' 를 사용하세요.]
   Your friend does not look very well. What kind of advice can you give your friend? [Remember to use '-아/어도'.]
2. 친구가 같이 놀자고 합니다. 그런데 ○○씨는 몸이 안 좋습니다. 어떻게 말할 거예요? ['-라고 했어요', '-지 말라고 했어요' 를 사용하세요.]
   Your friend wants to hang out, but you're not feeling well. How do you let your friend know? [Remember to use '-라고 했어요' and '-지 말라고 했어요'.]

Grammar Reference

❶ -아/어지다
❷ -아/어도
❸ 간접화법④ -으라고 하다

① -아/어지다

1. MEANING

'-아/어지다' is used to indicate a change or development from one condition to another. It has the same meaning as 'to become' or 'to get'.

When the change being spoken of occurred in the past, '-아/어졌어요' is used.

2. FORM

1) '-아/어지다' is used with adjectives. It is always attached directly to the end of an adjective stem.

2) '-아지다' is used when adjective stems involve 'ㅏ', 'ㅗ', and '-어지다' is used with all other stems (except '하' of '하다').

좋다 → 좋아지다
힘들다 → 힘들어지다
건강하다 → 건강해지다

e.g. 아까는 날씨가 안 좋았는데 지금은 좋아졌어요.
아르바이트를 시작한 다음에 공부하는 것이 힘들어졌어요.
옛날에는 몸이 약했는데 지금은 건강해졌어요.

NOTE

1. 으 불규칙 (Irregular) p 251

e.g. 지난주에 아르바이트를 시작했어요.
그래서 좀 바빠졌어요.
(바쁘다)

2. ㅂ 불규칙 (Irregular) p 251

e.g. 날씨가 추워졌어요.
(춥다)
두꺼운 옷을 입으세요.

3. 르 불규칙 (Irregular) p 252

e.g. 식당 주인이 바뀌었어요.
그래서 음식 맛이 달라졌어요.
(다르다)

BONUS

The present tense of '-아/어지다' is used to speak about well-known facts or generally agreed-upon truths.

e.g. 텔레비전을 많이 보면 눈이 나빠져요.

② -아/어도

1. MEANING

'-아/어도' has the same meaning as 'even if...' or 'even though....'

To emphasize the meaning, 아무리 (no matter how) can be added to the first clause.

2. FORM

1) '-아/어도' is used with verbs, adjectives, and '있다/없다'.

2) '-아도' is used with when stems involve 'ㅏ', 'ㅗ', and '-어도' is used with all other stems (except '하' of '하다').

오다 → 와도
없다 → 없어도
메모하다 → 메모해도

e.g. 비가 와도 여행을 갈 거예요.
아무리 시간이 없어도 운동을 해야 해요.
약속을 메모해도 잊어버려요.

3. RESTRICTIONS ON USE

The tense is shown at the end of the sentence.

e.g. 슬퍼도 울지 않았어요.

NOTE

1. 으 불규칙 (Irregular) p 251

e.g. 아파도 시험 공부를 해야 해요.
(아프다)

2. ㄷ 불규칙 (Irregular) p 251

e.g. 많이 걸어도 힘들지 않았어요.
(걷다)

3. ㅂ 불규칙 (Irregular) p 251

e.g. 김치가 매워도 먹을 수 있어요.
(맵다)

4. 르 불규칙 (Irregular) p 252

e.g. 노래를 많이 불러도 목이 아프지 않았어요.
(부르다)

5. ㅅ 불규칙 (Irregular) p 252

e.g. 목이 부어도 계속 말해야 해요.
(붓다)
너무 힘들어요.

제임스: 아프다고 들었어요. 괜찮으세요?
히로미: 다 나았어요. 감사합니다.
(낫다)

❸ -으라고 하다 (Reported speech form)

1. MEANING

'-으라고 하다' is used to quote what someone said.

It is used when the predicate of the quoted speech is in command form.

2. FORM

1) '-으라고 하다' is always attached directly to the end of the verb stem.

2) '-으라고 하다' is used with verb stems ending in a consonant, and '-라고 하다' with verb stems ending in a vowel.

읽다 → 읽으라고 하다
가져가다 → 가져가라고 하다

e.g. 지훈: "이 책을 읽으세요."
→ 지훈 씨가 이 책을 읽으라고 했어요.
소라: "우산을 가져가세요."
→ 소라 씨가 우산을 가져가라고 했어요.

3) When the original speech being reported is in the negative form, '-지 말라고 하다' is used.

찍다 → 찍지 말라고 하다
나가다 → 나가지 말라고 하다

e.g. 점원: "가게 안에서 사진을 찍지 마세요."
→ 점원이 가게 안에서 사진을 찍지 말라고 했어요.
지훈: "지금 나가지 마세요. 밖에 비가 와요."
→ 지훈 씨가 지금 나가지 말라고 했어요. 밖에 비가 온다고 했어요.

NOTE

Verb stems ending in ㄹ (such as 만들다, 살다, 놀다, 알다, 울다) take '-라고 하다', not '-으라고 하다'.

For more information, see Unit 12, p 166 note

e.g. 선생님: 시험 기간이 끝나기 전에 놀지 마세요. 시험이 다 끝난 다음에 노세요.
→ 선생님이 시험 기간에 놀지 말라고 했어요. 시험이 다 끝난 다음에 놀라고 했어요.
(놀다)

Hospital Information

MRS The Seoul Global Center offers a 24-hour medical referral service. Foreign volunteers with medical expertise give information about medical providers that cater to the needs of foreigners.

- Hours of operation: 8 am-8 pm; from 8 pm to 8 am, referral service is available for emergency situations only
- E-mail: medicalreferral@seoul.go.kr

1339 The 1339 service is an emergency medical information hotline that offers information about English language medical providers and 24-hour emergency medical service centers. When using the 1339 service, you must also input the area code (for example, 02-1339 for seoul). In Seoul, the 1339 service is available in English, Japanese, and Chinese.

International SOS Medical experts offer around-the-clock service in English, Japanese, and French for rescue, transport, and repatriation services in emergencies situations. However, you must be registered in order to receive this service.

119 In case of emergency, call the emergency rescue line 119, and an ambulance will be dispatched in order to take the patient to the nearest hospital. In Korea, 119 ambulances can be used free of charge. If the caller is a foreigner, they will put an interpreter on the line. When calling from a mobile phone, an area code is not necessary; simply dial 119. When calling from a public telephone, push the red emergency phone call button and then dial 119. Your location can be traced by the public telephone's phone number. If you want 24-hour online emergency rescue service, fill out a registration form and send it by fax to 1544-9119. It is also possible to sign up by sending a text message to 119. For more information, visit ***global.seoul.go.kr***

15

스페인에 가 본 적이 있으세요?

문법 p196 - 은 적이 있다
- 도 …… - 도

대화 p198 여행지 추천하기

p199 좋은 곳 좀 추천해 주세요

15과 말하기 문법1

-은 적이 있다

Grammar Reference ➡ p 203

바꿔서 말해 보세요.

번지 점프를 해 본 적이 있어요?

- T 번지 점프를 해 봤어요?
- 2 대학로에 가 봤어요?
- 3 탈춤을 춰 봤어요?
- 4 한국 옛날 음악을 들어 봤어요?
- 5 한국 영화를 봤어요?

친구한테 물어보세요.

인사동에 가 본 적이 있어요?

네, 가 본 적이 있어요.

어땠어요?

옛날 물건이 많았어요.
주말에는 차가 없어서 좋았어요.

	친구1	친구2
인사동에 가다	○	
한국에서 일하다		
K-POP 댄스를 추다		
한복을 입다		
한국 신문을 읽다		

p 203 Grammar Reference

-도 …… -도

우리 반에는
여러 나라 사람들이 있어요.
러시아 사람도 있고
중국 사람도 있어요.

답을 두 개 골라서 말해 보세요.

말하기도 재미있고 쓰기도 재미있어요.

1. 한국어 공부할 때 뭐가 재미있어요?
   - ☑ 말하기가 재미있어요.
   - ☐ 듣기가 재미있어요.
   - ☐ 읽기가 재미있어요.
   - ☑ 쓰기가 재미있어요.

2. 어떤 음식을 좋아해요?
   - ☐ 비빔밥을 좋아해요.
   - ☐ 불고기를 좋아해요.
   - ☐ 순두부찌개를 좋아해요.
   - ☐ 삼계탕을 좋아해요.

3. 하숙집에 살면 뭐가 좋아요?
   - ☐ 한국말 연습을 할 수 있어요.
   - ☐ 맛있는 음식을 먹을 수 있어요.
   - ☐ 한국 친구를 사귈 수 있어요.
   - ☐ 시설이 편해요.

카드를 이용해서 말해 보세요.

주말에 뭐 했어요?

공부도 하고 숙제도 했어요.

- ✓ 주말에 뭐 했어요?
- 무슨 운동을 잘 해요?
- 보통 어디에서 점심을 먹어요?
- 심심할 때 보통 누구한테 전화해요?
- 나중에 어디에 여행 가고 싶어요?
- 언제 기분이 좋아요/나빠요?

15과 말하기 대화

여행지 추천하기

외국에 여행을 가려고 합니다. 그 나라에 대해서 친구한테 어떻게 물어봅니까?

리엔 앤디 씨, 스페인에 가 본 적이 있으세요?

앤디 네, 가 봤어요.

리엔 언제 가 보셨어요?

앤디 작년 겨울에요. 그런데 왜요?

리엔 제가 이번 방학 때 스페인에 여행 가려고 해요.
스페인에 가면 뭐 하는 게 좋아요?

앤디 스페인은 플라멩코가 유명하니까 꼭 보러 가세요.

작년 [장년]

다음을 이용해서 대화를 만들어 보세요

스페인	플라멩코가 유명하다	보러 가다
독일	맥주가 유명하다	마셔 보다
태국	과일이 맛있다	먹어 보다
호주	바닷가가 아름답다	가 보다
페루	마추픽추가 유명하다	가 보다

좋은 곳 좀 추천해 주세요

여러분은 지금 어디를 제일 여행하고 싶으세요? 왜요?
누구하고 같이 가고 싶으세요?

선운사는 어디에 있어요? 경주는 뭐가 유명해요?

민수 씨가 추천한 곳에 ✓ 하십시오. MP3 57

☑ 동해 / ☐ 서해　　☐ 선운사 / ☐ 운주사　　☐ 광주 / ☐ 경주

☐ 남해 / ☐ 남원　　☐ 제부도 / ☐ 제주도

가 메모하십시오.

민수 씨가 왜 이 장소를 추천했어요?
제니 씨는 왜 민수 씨가 추천한 장소가 싫다고 했어요?

(동해)

● 추천 이유

1. 바다에서 수영을 할 수 있어요.
2. 돌아올 때 설악산에 들를 수 있어요.

제니
사람이 많아서 복잡해요.

( )

● 추천 이유

제니

( )

● 추천 이유

제니

( )

● 추천 이유

제니

나 묻고 대답하십시오.

1. 민수 씨가 제니 씨한테 동해를 추천한 이유는 뭐예요?
2. 민수 씨는 왜 제니 씨한테 선운사를 추천했어요?
3. 경주는 뭐가 좋아요?
4. 민수 씨는 남해를 어떻게 소개했어요?
5. 제니 씨는 왜 민수 씨가 추천한 장소들이 싫다고 했어요?

다 잘 듣고 빈칸을 채우십시오. MP3 58

제니 : 남해는 뭐가 좋아요?
민수 : 배를 타고 ① ________을 구경해 보세요.
경치가 정말 아름다워요.
② ________ 회도 먹을 수 있어요.
제니 : 민수 씨, 저는 멀미를 해서 배는 타고 싶지 않아요.

라 잘 듣고 따라 하십시오. MP3 59

민수 : 음……, 얼마 동안 여행하고 싶어요?
제니 : 한[1] 3~4일쯤 생각하고 있어요.

마 다음 요약문을 완성하십시오.

제니 씨가 민수 씨한테 좋은 여행 장소를 물어봤습니다. 민수 씨는 처음에 동해에 가 보라고 했습니다. 하지만 제니 씨는 지금 동해에 가면 (ㅂ)서 싫다고 했습니다. 그래서 민수 씨는 선운사를 추천했습니다. 선운사는 (ㅈ)고 했습니다. 하지만 제니 씨는 (ㄱ)이 불편해서 싫다고 했습니다. 그 다음에 민수 씨는 경주에 가 보라고 했습니다. 거기는 쉽게 갈 수 있다고 했습니다. 그리고 한국 (ㅇ)도 배울 수 있다고 했습니다. 그런데 제니 씨는 거기에 가 본 적이 있어서 싫다고 했습니다. 민수 씨는 마지막으로 남해를 추천했습니다. 이번에도 제니 씨는 (ㅁ) 때문에 싫다고 했습니다.

바 해 봅시다.

역할극

여러분이 해외 여행을 가려고 합니다. 친구가 좋은 장소를 추천하지만 여러분은 그때마다 마음에 들지 않아서 싫다고 합니다. 대화를 만들어 보세요.

사 써 봅시다.

친구가 여행 장소를 여러 개 추천합니다. 그런데 여러분은 그 장소들이 다 마음에 들지 않습니다. 두 사람 대화를 써 보세요. 대화 내용을 이용해서 '마'처럼 요약문을 써 보세요.

1) 한 p 249

학습 목표

문법

1. -은 적이 있다

A : 스페인에 가 본 적이 있으세요?
B : 네, 3년 전에 여행했어요.

A : 지하철을 잘못 타서 늦었어요.
B : 저도 지하철을 잘못 탄 적이 있어요.

2. -도 … -도

A : 제주도 여행이 어떠셨어요?
B : 음식도 맛있고 경치도 아름다워서 좋았어요.

단어 표현

■ 동사 verb ▲ 형용사 adjective ● 명사 noun ◆ 부사 adverb □ 기타/표현 etc / expression

대화

● 맥주 beer
● 바닷가 beach

듣고 말하기

■ 들르다 to stop by (a place)
■ 정하다 to decide
■ 갈아타다 to transfer (transportation)
▲ 조용하다 to be quiet
● 남해 south coast, the South Sea
● 동해 east coast, the East Sea
● 역사 history
● 섬 island
● 전라도 Jeolla province
● 휴가 vacation
□ 멀미를 하다 to get carsick
□ 인기 있다 to be popular
□ 신선한 회를 먹다 to eat fresh raw fish (sashimi)
□ 지금쯤 right about now
□ 7월 말 the end of July
□ 아직 못 정했어요. I haven't decided yet.
□ 한 3~4일 쯤 생각하고 있어요. I am thinking around 3 or 4 days.

MP3 60

✓ Self check

친구가 ◯◯ 씨가 여행가려고 하는 나라에 다녀온 경험이 있는지 물어보세요. ['-은 적이 있어요?'를 사용하세요.]
You want to go on a trip to a certain country. Ask your friend if they have ever been there. [Remember to use '-은 적이 있어요?'.]

Grammar Reference

❶ -은 적이 있다
❷ -도 ...... -도

❶ -은 적이 있다

1. MEANING

'-은 적이 있다' is used to express one's past experience of doing something. It has the same meaning as 'to have done (something)'.

2. FORM

1) '-은 적이 있다' is always attached directly to the end of the verb stem.

2) '-은 적이 있다' is used with verb stems ending in a consonant and '-ㄴ 적이 있다' with verb stems ending in a vowel.

읽다 → 읽은 적이 있다
만나다 → 만난 적이 있다

e.g. 고등학교에 다닐 때 그 책을 읽은 적이 있어요.
파티에서 현우 씨를 만난 적이 있어요.

NOTE

1. ㄷ 불규칙 (Irregular) p 251
   e.g. 옛날에 그 음악을 들은 적이 있어요. (듣다)
2. ㄹ 불규칙 (Irregular) p 252
   e.g. 제임스 씨가 일본에서 산 적이 있어요. (살다)

★ -아/어 본 적이 있다

'-은 적이 있다' is often expressed as '-아/어 본 적이 있다', which is a combination of '-아/어 보다' and '-은 적이 있다'. '-아/어 본 적이 있다' conveys the meaning of having tried something in the past. Therefore, it can only be used when the action done was of the speaker's free will.

이탈리아에 가 본 적이 있어요. 한복을 입어 본 적이 있어요.	○
지갑을 잃어버려 본 적이 있어요. 도둑을 맞아 본 적이 있어요.	×

'-은 적이 없다' is used to express one's lack of experience in doing something.

e.g. 미나 씨 동생을 만난 적이 없어요.
그 책을 읽어 본 적이 없어요.

❷ -도 ...... -도

1. MEANING

'-도 ...... -도' is used to talk about two things within one sentence with equal emphasis. It has the same meaning as 'Both ... and ....'

2. FORM

'-도 ...... -도' is used with nouns. When the noun is the subject or object of the sentence, '-도' is added instead of '-이/가' or '-을/를'.

e.g. 여행을 가고 싶지만 지금은 돈도 없고 시간도 없어요.
한스 씨는 공부도 잘하고 노래도 잘 불러요.

In other cases, '-도' is added to '-에, -에서' to form '-에도, -에서도'.

e.g. 히로미 씨를 찾으러 교실에도 가고 휴게실에도 가 봤어요. 어디에 있을까요?
앤디 씨가 음악을 좋아해요. 그래서 집에서도 학교에서도 항상 음악을 들어요.

Places to go around Korea

1. Seoraksan

The third highest mountain in South Korea after Hallasan and Jirisan, Seoraksan has lots of boulders and many rugged hiking paths to explore. You can choose from a half-day course or an overnight course depending on your hiking stamina. With beautiful scenery each season, this is a popular destination throughout the year for tourists and hikers alike.

2. Gyeongju

The capital of the ancient Shilla Dynasty (B.C. 57-A.D.935), Gyeongju contains so many historical artifacts that the entire city is a registered UNESCO World Heritage Site. Be sure to visit Bulguksa Temple, the famous grotto of Seokguram, and Yangdong, a village where aristocrats lived during the Joseon Dynasty. If you visit in the spring or fall, you can tour the city by bicycle.

3. Yeosu

Located on Korea's southern coast, Yeosu is approximately three and half hours from Seoul by KTX. Be sure to check out Hyangiram Temple (향일암), where you can take in the beautiful scenery of the South Sea. In March, visit Odongdo for its beautiful camellia flowers. You can also see the magnificent fields of wild grass alongside Suncheon Bay, about an hour's drive from Yeosu.

Check out different travel destinations on the Korea Tourism Organization (KTO)'s website: *http://www.visitkorea.or.kr*

16

누구하고 결혼하는지 아세요?

문법 p206 (형용사) -은지 알다
(동사) -는지 알다
-겠-

대화 p208 정보 물어보기

p209 무엇이든지 물어보세요

16과
말하기
문법1

(형용사) -은지 알다, (동사) -는지 알다

Grammar Reference ➡ p 216

누구인지 아세요?
10000

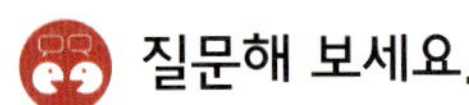
질문해 보세요.

한국 여행할 때 어디가 제일 좋은지 아세요?

1. (한국 여행할 때 / 어디 / 제일 좋다) 아세요?
2. (소라 씨 / 어떤 선물 / 좋아하다) 아세요?
3. (경찰서 전화번호 / 몇 번이다) 아세요?
4. (한스 씨 / 어제 / 왜 / 학교에 안 왔다) 아세요?
5. (리엔 씨 / 어렸을 때 / 어디 / 살았다) 아세요?

같이 이야기해 보세요.

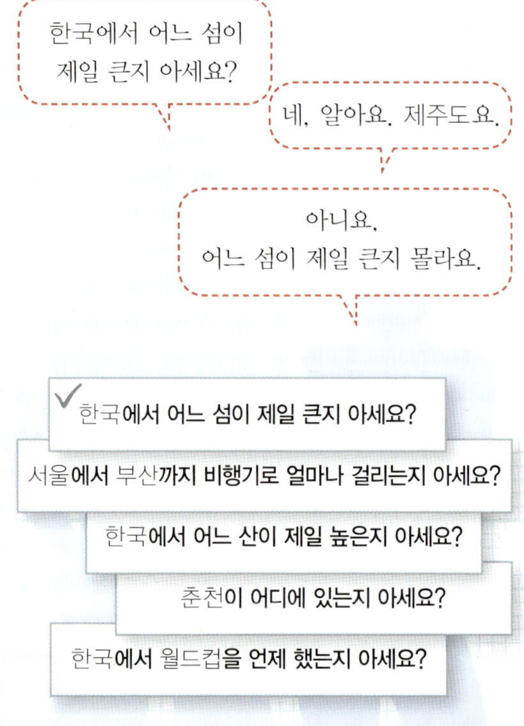
한국에서 어느 섬이 제일 큰지 아세요?
네, 알아요. 제주도요.
아니요. 어느 섬이 제일 큰지 몰라요.
✓ 한국에서 어느 섬이 제일 큰지 아세요?
서울에서 부산까지 비행기로 얼마나 걸리는지 아세요?
한국에서 어느 산이 제일 높은지 아세요?
춘천이 어디에 있는지 아세요?
한국에서 월드컵을 언제 했는지 아세요?

p 216 ⇦ Grammar Reference

-겠-

대답해 보세요.

1. A 이번 주에 친구들하고 동해에 여행 가기로 했어요.
   B 와! 재미있겠어요 .
   재미있다

2. A 다음 주부터 휴가예요.
   B ______________________ .
   신나다

3. A 다음 달에 결혼해요.
   B ______________________ .
   행복하다

4. A 회사에 취직했어요.
   B ______________________ .
   기쁘다

5. A 어제 가방을 도둑맞았어요.
   B ______________________ .
   속상하다

카드를 이용해서 말해 보세요.

숙제를 다 끝냈어요.

마음이 가볍겠어요.

- ✓ 숙제를 다 끝냈어요.
- 시험을 잘 봤어요.
- 넓은 집으로 이사했어요
- 이상한 사람이 밤마다 전화해요.
- 새로 산 컴퓨터가 고장났어요.

16과

말하기

대화

정보 물어보기

친구에 대한 좋은 소식을 들었습니다. 그때 어떻게 말합니까?

수잔 씨는 정말 좋겠어요.

제니　수잔 씨가 다음 달에 결혼한다고 들었어요.

투안　네, 저도 들었어요.

제니　누구하고 결혼하는지 아세요?

투안　네, 회사 동료하고 결혼한다고 해요.

제니　수잔 씨는 정말 좋겠어요.

다음을 이용해서 대화를 만들어 보세요

"다음 달에 결혼해요."	누구하고 결혼해요?	(회사 동료)
"여행 가요."	어디로 여행 가요?	( )
"좋은 회사에 취직했어요."	어느 회사에 취직했어요?	( )
"큰 집으로 이사했어요."	어디로 이사했어요?	( )

카드를 보고 같이 이야기해 보세요.

가

한국 사람들이 꿈에서 돼지를 보면 왜 좋아하는지 아세요? 답 : ___ 번

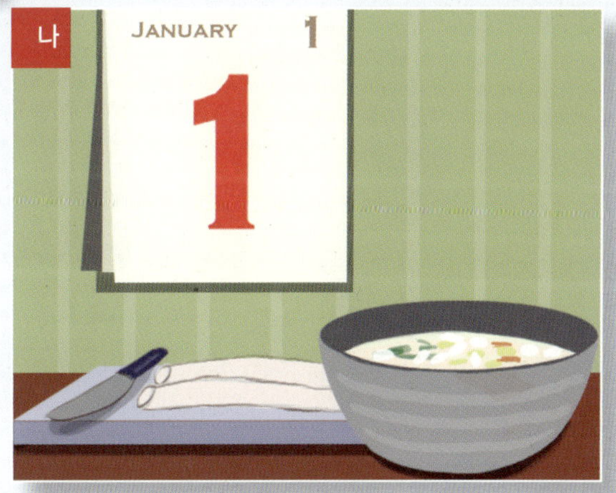

나

설날에 왜 떡국을 먹는지 아세요? 답 : ___ 번

선생님한테서 이유를 들어 보세요.

'가~아' 질문에 맞는 답을 찾아서 번호를 쓰세요. p211~212를 보세요.

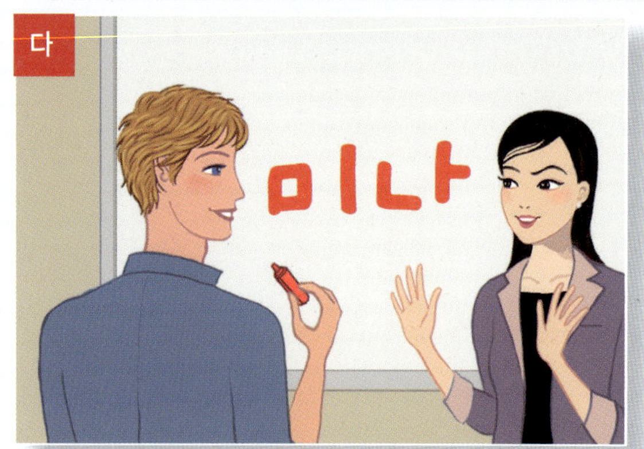

한국 사람들이 왜 빨간색으로 이름을 안 쓰는지 아세요? 답 : ___ 번

한국 사람들이 새로 이사한 사람한테 무엇을 선물하는지 아세요? 답 : ___ 번

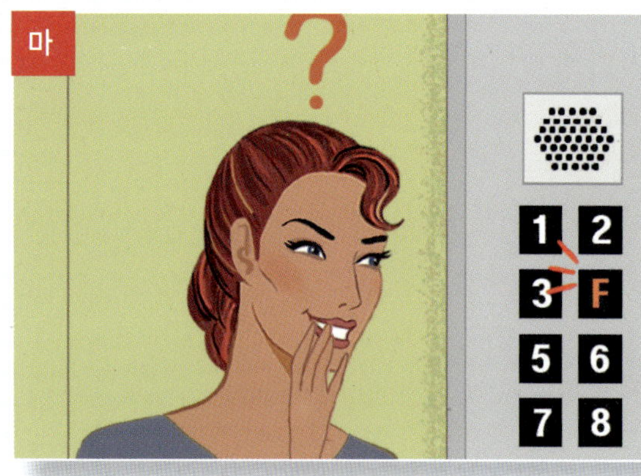

한국 건물에서 왜 4층을 F층으로 쓰는지 아세요? 답 : ___ 번

다리를 떨면 왜 안 되는지 아세요? 답 : ___ 번

사

이가 빠지는 꿈을 꾸면[1] 한국 사람들이 왜 걱정하는지 아세요? 답 : ___ 번

한국 사람들이 아침에 까치 소리를 들으면 왜 좋아하는지 아세요? 답 : ___ 번

1) 꿈을 꾸다 p 249

1

한국 사람들은 보통 빨간색으로 이름을 쓰지 않아요. 빨간색으로 이름을 쓰면 나쁜 일이 생긴다고 생각해요[2)]. 그래서 빨간색으로 이름을 쓰는 것을 싫어해요.

2

한국 사람들은 꿈에서 돼지를 보면 돈이 생길 거라고 생각해요. 그래서 어떤 사람은 돈을 주고 돼지 꿈을 사요.

3

한국 사람들은 다리를 떨면 복이 나간다고 생각해요. 그래서 한국 사람들은 다리를 떠는 것을 아주 싫어해요.

4

한국 사람들은 아침에 까치 소리를 들으면 그날 반가운 손님이 온다고 생각해요. 그래서 아침에 까치 소리를 들으면 좋아해요.

가 알맞은 답을 고르십시오.

1. 한국 사람들이 왜 돼지 꿈을 좋아해요?
   - ㉮ 돼지 꿈을 꾸면 시험을 잘 볼 거라고 생각해요.
   - ㉯ 돼지 꿈을 꾸면 돈이 생길 거라고 생각해요.

2. 설날에 왜 떡국을 먹어요?
   - ㉮ 떡국 떡이 길어서 이 떡을 먹으면 오래 산다고 생각해요.
   - ㉯ 떡국을 먹으면 걱정이 없어진다고 생각해요.

2) - 다고 생각하다 p 249

5

한국 사람들은 건물의 4층을 표시할 때 4를 사용하지 않아요. 한국 사람들은 4를 보면 죽음을 생각해요. 왜냐하면 4가 죽음을 뜻하는 한자 死 [사] 하고 소리가 같아요.

6

새로 이사한 사람 집들이에는 보통 비누나 휴지를 선물해요. 비누를 선물 받으면 비누 거품처럼 돈을 많이 벌 거라고 생각해요. 휴지를 선물 받으면 긴 휴지처럼 오래 살 거라고 생각해요.

7

한국 사람들은 이가 빠지는 꿈을 꾸면 친척 중에서 한 사람이 죽는다고 생각해요. 그래서 한국 사람들은 이런 꿈을 꾸면 걱정해요.

8

떡국 떡이 길어요. 긴 떡국 떡은 오래 사는 것을 뜻해요. 그래서 한국에서는 한 해를 시작하는 설날에 떡국을 먹어요.

MP3 62

3. 한국 사람들이 왜 빨간색으로 이름을 안 써요?

㉮ 빨간색으로 이름을 쓰면 나쁜 일이 생긴다고 생각해요.
㉯ 빨간색으로 이름을 쓰면 나쁜 사람이 된다고 생각해요.

4. 한국 사람들이 왜 새로 이사한 사람한테 비누를 선물해요?

㉮ 비누를 선물하면 선물을 받은 사람이 돈을 많이 벌 거라고 생각해요.
㉯ 비누를 선물하면 선물을 받은 사람이 오래 살 거라고 생각해요.

5. 한국 건물에 왜 4층이 없어요?

㉮ 4를 보면 죽음이 생각나서 4를 싫어해요.

㉯ 4를 보면 사장님이 생각나서 4를 싫어해요.

6. 한국 사람들이 왜 다리를 떠는 것을 싫어해요?

㉮ 다리를 떨면 머리가 나빠진다고 생각해요.

㉯ 다리를 떨면 복이 나간다고 생각해요.

7. 한국 사람들이 이가 빠지는 꿈을 꾸면 어떻게 생각해요?

㉮ 이가 빠지는 꿈을 꾸면 친척한테 안 좋은 일이 생겨요.

㉯ 이가 빠지는 꿈을 꾸면 친한 친구하고 싸워요.

8. 한국 사람들이 아침에 까치 소리를 들으면 어떻게 생각해요?

㉮ 좋은 손님이 올 거라고 생각해요.

㉯ 그날 날씨가 좋을 거라고 생각해요.

나 묻고 대답하십시오.

1. 한국 사람들이 왜 돼지 꿈을 좋아하는지 아세요?
2. 한국 사람들이 왜 빨간색으로 이름을 안 쓸까요?
3. 한국에서 보통 이사한 사람한테 어떤 선물을 하는지 아세요?
4. 한국 사람들이 아침에 까치 소리를 들으면 왜 좋아하는지 말해 보세요.
5. 위에서 읽은 이야기 중에서 여러분 나라하고 비슷한 것이 있어요?

다 소리 내서 읽으십시오. 발음 끊어 읽기

- 긴 떡국 떡은 오래 사는 것을 뜻해요.
그래서 한국에서는 한 해를 시작하는 설날에 떡국을 먹어요.

라 **다음 단어를 이용해서 내용을 요약하십시오.**

- 한국 문화를 설명해 보세요.

1. 한국 사람들은 왜 돼지 꿈을 꾸면 좋아해요?
   대답 꿈 / 돼지 / 보다 / 돈 / 생기다 / 생각하다

2. 왜 빨간색으로 이름을 쓰는 것을 싫어해요?
   대답 빨간색 / 이름 / 쓰다 / 나쁘다 / 일 / 생기다 / 생각하다

3. 한국 건물에는 왜 4층이 없어요?
   대답 '4' / 죽음 / 뜻하다 / 한자 / 소리 / 같다

4. 다리를 떨면 왜 안 돼요?
   대답 다리 / 떨다 / 복 / 나가다 / 생각하다

5. 이가 빠지는 꿈을 꾸면 어떻게 돼요?
   대답 이 / 빠지다 / 꿈 / 꾸다 / 친척 / 죽다 / 생각하다

마 **해 봅시다.**

여러분 나라 문화에 대해서 이야기해 보세요.
여러분 나라에는 어떤 미신이 있어요?

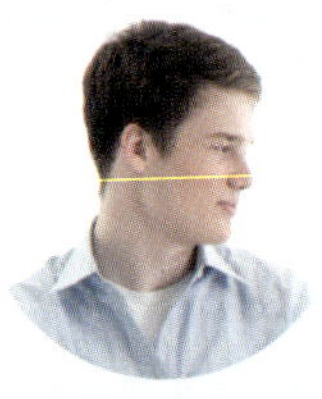

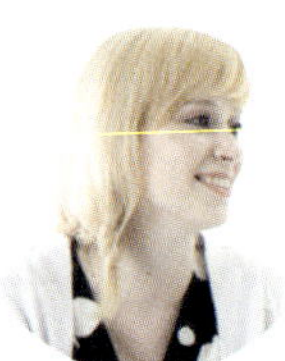

바 **써 봅시다.**

여러분 나라 문화를 소개해 보세요.
'-은지/는지 아세요?'를 이용해서 질문을 쓰세요. 그리고 대답을 써 보세요.

문법

1. [형용사] -은지 알다

A : 컴퓨터를 사려고 해요.
어디에서 사면 싼지 아세요?
B : 용산에 가 보세요.

2. [동사] -는지 알다

A : 한국에서 생일날에 뭘 먹는지 아세요?
B : 네, 미역국을 먹어요.

3. -겠-

A : 이번 달에 결혼해요.
B : 정말 축하합니다. 기쁘시겠어요.

단어 표현

■ 동사 verb ▲ 형용사 adjective ● 명사 noun ◆ 부사 adverb ▫ 기타/표현 etc/expression

대화

- ■ 취직하다 — to get a job
- ▫ ○○씨는 좋겠어요. — (He / She) must be happy. / That must be great.

읽고 말하기

- ■ 뜻하다 — to mean
- ■ 죽다 — to die
- ■ 표시하다 — to mark, to indicate
- ● 건물 — building
- ● 까치 — magpie
- ● 답 — answer
- ● 돼지 — a pig
- ● 떡국 — rice cake soup [Korean food]
- ● 비누 거품 — soapsuds
- ● 설날 — Lunar New Year's Day
- ● 죽음 — death
- ● 집들이 — housewarming party
- ● 한자 — Chinese characters
- ● 휴지 — toilet paper
- ◆ 새로 — recently, lately
- ▫ 꿈을 꾸다 — to dream
- ▫ 다리를 떨다 — to shake one's leg(s)
- ▫ 돈을 벌다 — to earn money
- ▫ 돈이 생기다 — to come into money
- ▫ 반가운 손님 — a well received guest
- ▫ 복이 나가다 — to lose good fortune
- ▫ 이가 빠지다 — to lose a tooth
- ▫ 한 해 — one year

MP3 63

✓ Self check

한국에서 집들이를 갈 때 어떤 선물을 가져가는지 반 친구한테 물어보세요. ['-는지/은지 아세요?'를 사용하세요]
Ask your classmates what presents Koreans usually bring when they go to a housewarming party. [Remember to use '-는지/은지 아세요?'.]

Grammar Reference

❶ -은지 알다
-는지 알다
❷ -겠-

① (형용사) -은지 알다, (동사) -는지 알다

1. MEANING

'(adjective) -은지 알다' or '(verb) -는지 알다' is used to express something that one knows. These patterns are used with 언제, 어디, 누구, 무엇, 어떻게, 왜, 몇, etc. and have the same meaning as '(Someone) knows when/where/who/what/how/why/how much....'.

2. FORM

1) '-은지 알다' is used with adjectives.
'-은지 알다' is used with adjective stems ending in a consonant and '-ㄴ지 알다' with adjective stems ending in a vowel.
높다 → 높은지 알다
아프다 → 아픈지 알다

e.g. 설악산이 얼마나 높은지 아세요?
소라: 미나 씨가 어디가 아픈지 아세요?
지훈: 배가 아프다고 했어요.

2) '-는지 알다' is used with verbs and '있다/없다'.
찾다 → 찾는지 알다
좋아하다 → 좋아하는지 알다
없다 → 없는지 알다

e.g. 소라 씨가 지금 뭐 찾는지 아세요?
앤디 씨가 무슨 운동을 제일 좋아하는지 아세요?
A 내일 왜 수업이 없는지 아세요?
B 글쎄요. 선생님한테 물어보세요.

3) '-았/었는지 알다' is used to speak about the past.
'-았는지 알다' is used when verbs and adjectives stems involve 'ㅏ' 'ㅗ', and '-었는지 알다' is used with all other stems(except '하' of '하다').
가다 → 갔는지 알다
울다 → 울었는지 알다
적다 → 적었는지 알다
전화하다 → 전화했는지 알다

e.g. 제니 씨가 언제 집에 갔는지 아세요?
리엔 씨가 뭐 때문에 울었는지 아세요?
어제 파티에 온 사람이 왜 적었는지 아세요?
조금 전에 누가 전화했는지 아세요?

NOTE

1. ㄹ 불규칙 (Irregular) p 252
e.g. 미나 씨가 어디에 사는지 아세요? (살다)
e.g. 인천이 서울에서 얼마나 먼지 아세요? (멀다)

2. ㅂ 불규칙 (Irregular) p 251
e.g. 한국에서 몇 월에 날씨가 제일 더운지 (덥다) 아세요?

BONUS

'-은지 모르다, -는지 모르다' is used to express something that one doesn't know.
e.g. A 앤디 씨가 방에서 뭐 해요?
B 글쎄요. 뭐 하는지 몰라요.

'-은지, -는지' can be used not only with '알다, 모르다', but also with '잊어버리다, 생각나다, 물어보다, 말하다, 이야기하다, etc'.
e.g. 그 사진을 어디에 놓았는지 잊어버렸어요.
이거 한국말로 어떻게 말하는지 물어보세요.

Summary

	현재 (present)	과거 (past)
동사 (verb)	**-지 알다** 먹는지 알다 가는지 알다	**-았/었는지** 먹었는지 갔는지
형용사 (adjective)	**-은지 알다** 좋은지 알다 나쁜지 알다	좋았는지 나빴는지
있다/ 없다	**-는지 알다** 있는지 알다 없는지 알다	있었는지 없었는지
이다/ 아니다	**-ㄴ지 알다** 인지 알다 아닌지 알다	(선물)이었는지 (선물이) 아니었는지

❷ -겠-

1. MEANING

'-겠-' is used to express a supposition. It can be used to infer someone's emotion about something.

2. FORM

'-겠-' is used with verbs, adjectives, and '있다/없다'.

e.g. 제니 씨가 요즘 공부를 열심히 공부해요.
이번 시험을 잘 보겠어요.

A 이 케이크 좀 드세요. 제가 만들었어요.
B 와! 아주 맛있겠어요.

A 현우 씨 아버지께서 돌아가셨다고 해요.
B 그래요? 현우 씨가 마음이 아프겠어요.

Cultural Knowledge Quiz

1. 서울에 있는 큰 강 이름이 뭔지(무엇인지) 아세요?
2. 한 살 생일에 뭐 하는지 아세요?
3. 한국(South Korea)에서 어느 산이 제일 높은지 아세요?
4. 추석(the Korean harvest festival)에 먹는 떡을 뭐라고 하는지 아세요?
5. 누가 한글(the Korean writing system)을 만들었는지 아세요?
6. 한국의 국기(the Korean flag)를 뭐라고 하는지 아세요?
7. 어머니의 여동생을 뭐라고 하는지 아세요?
8. 한국에서 어느 섬이 제일 큰지 아세요?
9. 춘천(a city in Gangwon Province)에서 유명한 음식이 무엇인지 아세요?

답: 1. 한강 2. 돌잔치 3. 한라산 4. 송편 5. 세종대왕 6. 태극기 7. 이모 8. 제주도 9. 닭갈비

17

언제 한국에 오셨습니까?

문법 p220 격식체 -습니다
격식체 존댓말 -으십니다
간접화법⑤ -냐고 하다

대화 p223 개인정보 말하기

p224 자기소개를 해 보십시오

17과 말하기 문법1

격식체 -습니다

Grammar Reference ➡ p 227

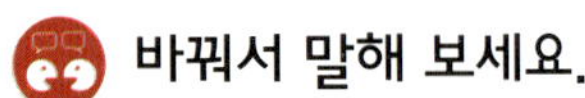

바꿔서 말해 보세요.

1. 제 이름은 ______ 예요.
2. 한국어 학교에 다녀요.
3. 수업 후에 회사에 가요.
4. 어제 늦게까지 일했어요.
5. 압구정동에 살아요.

단어를 이용해서 이야기해 보세요.

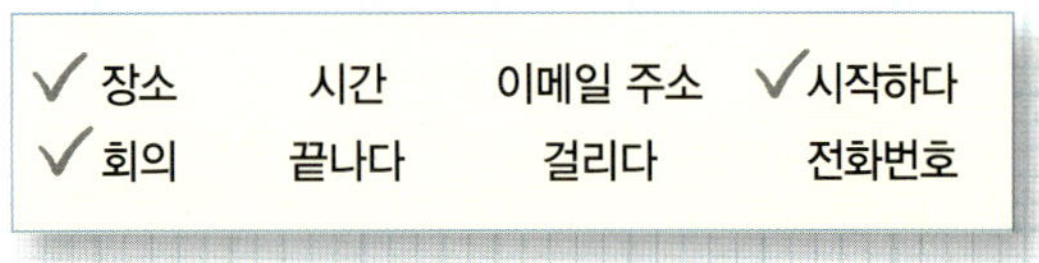

✓ 장소 시간 이메일 주소 ✓ 시작하다
✓ 회의 끝나다 걸리다 전화번호

A 회의를 몇 시에 시작합니까?
B 2시에 시작합니다.
A 회의 장소가 어디입니까?
B 7층 회의실입니다.

p 227 Grammar Reference

격식체 존댓말 -으십니다

오늘 회식에 가십니까?

바꿔서 말해 보세요.

수잔 씨 결혼식에 가십니까?

수잔 씨 결혼식에 가셨습니까?
네, 갔습니다.

같이 이야기해 보세요.

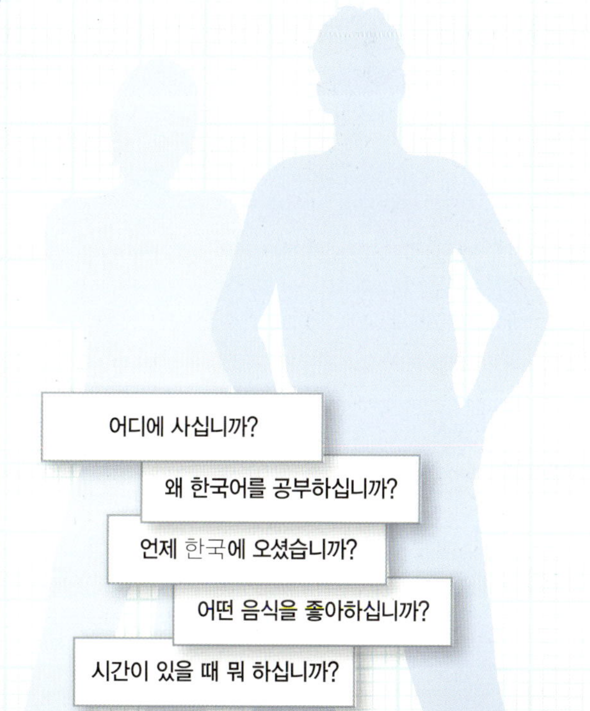

어디에 사십니까?
왜 한국어를 공부하십니까?
언제 한국에 오셨습니까?
어떤 음식을 좋아하십니까?
시간이 있을 때 뭐 하십니까?

간접화법 ⑤ -냐고 하다

Grammar Reference ➡ p 229

바꿔서 말해 보세요.

누가 사무실에 왔냐고 했어요.

1. 누가 사무실에 왔어요?
2. 지금 비가 와요?
3. 내일 등산 갈 거예요?
4. 무슨 음악 들어요?
5. 어디에 살아요?
6. 어디가 아파요?
7. 번지 점프가 위험하지 않아요?

같이 이야기해 보세요.

이번 학기 시작하기 전에 인터뷰를 했어요?
그때 어떤 질문을 받았어요?

선생님이 언제부터 한국어를 공부했냐고 했어요.
그리고 ……

✓ 언제부터 한국어를 공부?

MP3 64

개인 정보 말하기

투안　안녕하십니까? 레 밍 투안입니다.

면접관　여기 앉으십시오.

투안　감사합니다.

면접관　투안 씨는 언제 한국에 오셨습니까?

투안　1년 전에 왔습니다.

다음을 이용해서 대화를 만들어 보세요

언제 한국에 오셨어요?	1년 전에 왔어요.
베트남 어디에서 오셨어요?	호치민에서 왔습니다.
어디에서 사세요?	잠실에서 살아요.
대학교에서 무엇을 전공하셨어요?	경영학을 전공했어요.
한국 회사에서 일한 경험이 있으세요?	네, 있어요.

17과 듣고말하기

자기소개를 해 보십시오

어렸을 때 꿈이 뭐였어요? 나중에 어떤 일을 하고 싶었어요?

선생님

?

배우

축구 선수

경찰

승무원이 되면 뭐가 좋을까요? 어떤 점이 힘들까요?

이수정 씨가 승무원이 되려고 면접 시험을 봅니다. 면접관이 어떤 질문을 해요?

MP3 65

가 맞으면 ○, 틀리면 × 하십시오.

1. 이수정 씨는 외국어를 전공했습니다. ( )
2. 이수정 씨는 대학생 때 아르바이트를 많이 했습니다. ( )
3. 이수정 씨는 사람들을 만나서 얘기하는 것을 좋아합니다. ( )
4. 이수정 씨는 승무원이 친절해야 한다고 생각합니다. ( )
5. 이수정 씨는 이 직업의 단점이 없다고 했습니다. ( )

나 묻고 대답하십시오.

1. 이수정 씨는 처음에 자기소개를 어떻게 했습니까?
2. 이수정 씨는 왜 승무원이 되려고 합니까?
3. 이수정 씨는 자기의 장점이 뭐라고 했습니까?
4. 이수정 씨는 승무원이 어때야 한다고 했습니까?
5. 이수정 씨는 이 직업의 단점을 뭐라고 했습니까?

다 잘 듣고 빈칸을 채우십시오. MP3 66

면접관 : 이수정 씨, ① ______ 자기소개를 해 보십시오.

이수정 : 네, 저는 한국 대학교에서 역사를 ② ______ 했습니다. 그리고 대학교에 다닐 때부터 승무원이 되려고 외국어를 배웠습니다.

면접관 : ③ ______ 국어를 할 줄 아십니까?

이수정 : 영어하고 일본어, 중국어를 할 줄 압니다.

라 잘 듣고 따라하십시오. 끊어 말하기 MP3 67

- 저는 여행을 아주 좋아하고, 사람들을 만나서 얘기하는 것도 좋아합니다.
- 저는 성격이 밝습니다. 또 일을 빨리 배웁니다.

마 다음 요약문을 완성하십시오.

이수정 씨는 여행을 아주 좋아하고 사람들을 만나서 (ㅇ) 것을 좋아합니다. 이수정 씨의 장점은 성격이 (ㅂ)고 일을 빨리 배우는 것입니다. 이수정 씨는 대학교를 다닐 때부터 승무원이 되려고 (ㅇ)를 배웠습니다. 영어하고 일본어, 중국어를 할 줄 압니다. 이수정 씨는 승무원이 (ㅊ)야 한다고 생각합니다. 또 승무원은 비행기 여행을 많이 하니까 건강을 (ㅈ)야 한다고 생각합니다.

바 해 봅시다.

역할극

이수정 씨의 면접 대화를 해 보세요.

사 써 봅시다.

이수정 씨 면접 대답을 이용해서 이수정 씨에 대해서 써 보세요.

알아요!

문법

1. 격식체 -습니다, 습니까?

A : 회의가 몇 시에 시작합니까?
B : 2시에 시작합니다.

2. 격식체 존댓말 -으십니다, -으십니까?

A : 언제 한국에 오셨습니까?
B : 두 달 전에 왔습니다.

3. 간접화법⑤ -냐고 하다

A : 김영호 씨가 뭐라고 했습니까?
B : 오늘 몇 시에 퇴근하냐고 했습니다.

단어 표현

■ 동사 verb ▲ 형용사 adjective ● 명사 noun ◆ 부사 adverb □ 기타/표현 etc/expression

대화

- ● 경험 — experience
- ● 면접 — interview
- 면접관 — interviewer
- □ 경영학을 전공하다 — to major in business management
- ● 역사 — history
- ● 외국어 — foreign language
- ● 자기소개 — self-introduction
- ● 장점 — good points, strengths
- □ 건강을 조심하다 — to take care of oneself
- □ 성격이 밝다 — to have a bright personality
- □ 면접을 끝내겠습니다. — I'll end the interview here. [formal polite speech]
- □ 몇 개 국어를 할 줄 아십니까? — How many languages do you speak? [formal polite speech]

읽고 말하기

- ● 단점 — weak points, weaknesses
- ● 대학생 — college/university student
- ● 승무원 — flight attendant

MP3 68

✓ Self check

면접에서처럼 자기 소개를 짧게 해 보세요. [격식체를 사용하세요.]
Introduce yourself briefly as you might do at an interview. [Remember to use 격식체 (formal speech style).]

❶ 격식체 -습니다, -습니까?
❷ 격식체 존댓말 -으십니다, -으십니까?
❸ 간접화법⑤ -냐고 하다

❶ -습니다, -습니까? Formal polite speech

1. MEANING

'-습니다' or '-습니까?' is used to express respect to the listener in official or formal situations such as announcements, news reports, speeches, business meetings, conferences and in the military. '-습니다' is used for a statement, and '-습니까?' for a question.

2. FORM

1) '-습니다' and '-습니까?' are used with verbs, adjectives, and 있다/없다.
'-습니다' and '-습니까?' are used with stems ending in a consonant, and '-ㅂ니다' and '-ㅂ니까?' with stems ending in a vowel.
읽다 → 읽습니다, 읽습니까?
만나다 → 만납니다, 만납니까?

e.g. A 언제 신문을 읽습니까?
B 아침에 읽습니다.
A 외국에서 온 손님을 어디에서 만납니까?
B 시청에 있는 호텔에서 만납니다.

2) '-았/었습니다' or '-았/었습니까?' is used to speak about the past.
'-았습니다' or '-았습니까?' is used when stems involve 'ㅏ' or 'ㅗ'.
'-었습니다' or '-었습니까?' is used with all other stems (except '하' of '하다').
만나다 → 만났습니다, 만났습니까?
적다 → 적었습니다, 적었습니까?

e.g. 어제 회사 손님을 만났습니다.
왜 오전 회의에 온 사람들이 적었습니까?

3) '-을 겁니다' or '-을 겁니까?' is used to speak about the future.
'-을 겁니다' or '-을 겁니까?' is used with stems ending in a consonant and '-ㄹ 겁니다' or '-ㄹ 겁니까?' with stems ending in a vowel.
읽다 → 읽을 겁니다, 읽을 겁니까?
가다 → 갈 겁니다, 갈 겁니까?

e.g. 점심 식사 후에 이메일을 읽을 겁니다.
다음 주에 어디에 출장을 갈 겁니까?

4) '-읍시다' is used to express a suggestion or proposition.
If you want to review this, see unit 5.

NOTE

	현재(present)	과거(past)	미래(future)
듣다	듣습니다	들었습니다	들을 겁니다
살다	삽니다	살았습니다	살 겁니다
덥다	덥습니다	더웠습니다	더울 겁니다
모르다	모릅니다	몰랐습니다	모를 겁니다
낫다	낫습니다	나았습니다	나을 겁니다

Irregular verb · adjective p 251

❷ -으십니다, -으십니까? Honorific form in formal polite speech

1. MEANING

'-으십니다' or '-으십니까?' is used to express respect not only to the listener but also to the subject (person) of the sentence in official or formal situations such as announcements, news reports, speeches, business meetings, conferences and in the military.
'-으십니다' is used for a statement, '-으십니까?' for a question.

2. FORM

1) '-으십니다' or '-으십니까?' is used with verbs, adjectives, and '있다/없다'.
'-으십니다[1)]' and '-으십니까?[2)]' are used with stems ending in a consonant and '-십니다'

and '-십니까?' with stems ending in a vowel.

[honorific in a statement]

읽다 → 읽으십니다

가다 → 가십니다

[honorific in a question]

읽다 → 읽으십니까?

가다 → 가십니까?

e.g. A 사장님께서 지금 서류를 읽으십니까?
B 아니요. 외국에서 온 편지를 읽으십니다.

A 사장님께서 어디로 출장을 가십니까?
B 부산으로 가십니다.

2) '-으셨습니다' and '-으셨습니까?' are used to speak about the past.
'-으셨습니다' and '-으셨습니까?' are used with stems ending in a consonant and '-셨습니다' or '-셨습니까?' with stems ending in a vowel.

[honorific in a past-tense statement]

읽다 → 읽으셨습니다

가다 → 가셨습니다

[honorific in a past-tense question]

읽다 → 읽으셨습니까?

가다 → 가셨습니까?

e.g. A 사장님께서 서류를 읽으셨습니까?
B 네, 읽으셨습니다.

A 사장님께서 어디 가셨습니까?
B 회의하러 가셨습니다.

3) When speaking about the future, we use '-으실 겁니다' and '-으실 겁니까?'.
'-으실 겁니다 'and '-으실 겁니까?' are used with stems ending in a consonant.
'-실 겁니다' and '-실 겁니까?' are used with with stems ending in a vowel.

[honorific in a future-tense statement]

읽다 → 읽으실 겁니다

가다 → 가실 겁니다

[honorific in a future tense question]

읽다 → 읽으실 겁니까?

가다 → 가실 겁니까?

e.g. A 사장님께서 메일을 읽으셨습니까?
B 아니요, 점심 식사 후에 읽으실 겁니다.

A 영호 씨, 휴가 때 여행 가실 겁니까?
B 아니요, 집에서 쉴 겁니다.

4) Five Honorific Verbs in Formal Polite Speech

Honorific Verb	Formal Polite Speech		
	현재 (present)	과거 (past)	미래 (future)
계시다	계십니다 계십니까?	계셨습니다 계셨습니까?	계실 겁니다 계실 겁니까?
잡수시다	잡수십니다 잡수십니까?	잡수셨습니다 잡수셨습니까?	잡수실 겁니다 잡수실 겁니까?
드시다	드십니다 드십니까?	드셨습니다 드셨습니까?	드실 겁니다 드실 겁니까?
주무시다	주무십니다 주무십니까?	주무셨습니다 주무셨습니까?	주무실 겁니다 주무실 겁니까?
말씀하시다	말씀하십니다 말씀하십니까?	말씀하셨습니다 말씀하셨습니까?	말씀하실 겁니다 말씀하실 겁니까?

e.g. 할아버지께서 집에 안 계십니다.
할머니께서 점심을 잡수십니다.
사장님께서 손님과 차를 드셨습니다.
안녕히 주무셨습니까?
선생님께서 나중에 말씀하실 겁니다.

NOTE

'-으십시오' is used to give a command.
-으십시오' is used with verb stems ending in a consonant, and -십시오' is used with verb stems ending in a vowel.

앉다 → 앉으십시오

들어오다 → 들어오십시오

e.g. A 들어가도 됩니까?
B 네, 들어오십시오.

The negative form of '-으십시오' is '-지 마십시오'.

e.g. 문을 닫지 마십시오.

1) '-으십니다' is a combined form of the formal polite '-습니다' and '-으시-' which expresses respect to the subject.

2) '-으십니까' is a combined form of the formal polite '-습니까' and '-으시-' which expresses respect to the subject.

When using the honorific form, subject markers can be changed to emphasize respect for the subject.

-이/가	-께서
-한테	-께
-은/는	-께서는

e.g. 할아버지께서 매일 한 시간씩 산책하십니다.
제가 할아버지께 전화를 드렸습니다.
할머니께서는 오후에 낮잠을 주무십니다.

③ -냐고 하다
Reported speech form [question]

1. MEANING

'-냐고 하다' is used to quote what someone said. This form is used when the predicate of the quoted speech is a question (-아/어요?).

2. FORM

1) '-냐고 하다' is used with verbs, adjectives, and '있다/없다'. It is always attached directly to the end of a stem.

먹다 → 먹냐고 하다　　가다 → 가냐고 하다

e.g. 유리: "어디에서 점심을 먹어요?"
→ 유리 씨가 어디에서 점심을 먹냐고 했어요.
투안: "어디로 여행을 가요?"
→ 투안 씨가 어디로 여행을 가냐고 했어요.

2) When the predicate of the quoted speech is in the past tense, '-았/었냐고 하다' is used. '-았냐고 하다' is used when stems involve 'ㅏ', 'ㅗ', and '-었냐고 하다' is used with all other stems (except '하' of '하다').

많다 → 많았냐고 하다
먹다 → 먹었냐고 하다
도착하다 → 도착했냐고 하다

e.g. 앤디: "파티에 온 사람이 많았어요?"
→ 앤디 씨가 파티에 온 사람이 많았냐고 했어요.
리엔: "아침 먹었어요?"
→ 리엔 씨가 아침 먹었냐고 했어요.
제임스: 비행기가 도착했어요?
→ 제임스 씨가 비행기가 도착했냐고 했어요.

3) When the predicate of the quoted speech is in the future tense, '-을 거냐고 하다' is used. '-을 거냐고 하다' is used with stems ending in a consonant, and '-ㄹ 거냐고 하다' with stems ending in a vowel.

읽다 → 읽을 거냐고 하다
가다 → 갈 거냐고 하다

e.g. 앤디: "그 책을 읽을 거예요?"
→ 앤디 씨가 그 책을 읽을 거냐고 했어요.
리엔: "방학 때 고향에 갈 거예요?"
→ 리엔 씨가 방학 때 고향에 갈 거냐고 했어요.

NOTE

1. ㄹ 불규칙　p 252

e.g. 유리: "현우 씨를 알아요?"
→ 유리 씨가 현우 씨를 아냐고 했어요.
(알다)

2. ㄷ 불규칙　p 251

e.g. 리엔: "무슨 노래를 들어요?"
→ 리엔 씨가 무슨 노래를 듣냐고 했어요.
(듣다)

3. ㅂ 불규칙　p 251

e.g. 타쿠야: "추워요?"
→ 타쿠야 씨가 춥냐고 했어요.
(춥다)

4. ㅅ 불규칙　p 252

e.g. 소라: "이 약을 먹으면 감기가 나아요?"
→ 소라 씨가 이 약을 먹으면 감기가 낫냐고 했어요.
(낫다)

언어와 문화

Honorific and Formal Speech Style

Honorific ending - '-으세요' is used to indicate respect on the part of speaker for the subject of the sentence. This form is used when the subject of the sentence is older than the speaker. Even if the subject's age is similar to the speaker's or even lower, the honorific can still be used if it is the speakers' first time meeting or they do not have a close relationship. The subject of the sentence must either be the listener or a third party. The speaker should not use the honorific when they are the subject of the sentence.

Formal speech style - '-습니다' or '-습니까?' is used to express respect to the listener in official or formal situations such as announcements, news reports, speeches, business meetings, conferences and in the military.

Formal speech style, honorific ending - '-으십니다' or '-으십니까?' is used to express respect not only to the listener but also to the person who is the grammatical subject of the sentence in official or formal situations. This form is used in formal situations when the subject of the sentence is older than the speaker. As above, the honorific can also be used when the subject's age is similar to the speaker's if it is their first time meeting, or they do not have a close relationship.

Situation 1. Two men in their late-twenties meet for the first time at a club gathering. Although they are of similar age, because it is their first time meeting, they use the honorific ending.

A: 안녕하세요?

B: 저는 오늘 처음 왔는데, 언제 여기에 가입하셨어요?
(가입하다 : join)

A: 한 달 전에 가입했어요.

Situation 2. Two men in their late-twenties meet at the office because of work. Although they are of similar age, because they are meeting in an official work capacity, they use the formal speech style.

A: 안녕하십니까? 처음뵙겠습니다.

B: 처음 뵙겠습니다. 여기 앉으십시오. 날씨가 참 덥습니다.

18

처음 한국에 왔을 때 어떠셨어요?

문법 p232 -게 되다 ①
-기로 했어요 ②

대화 p234 한국 생활 경험 말하기

p235 친구들하고 헤어져서 섭섭해요

18 과 말하기 문법1

-게 되다 ①

Grammar Reference ➡ p 239

처음에는 한국어를 못했는데
지금은 잘하게 됐어요.
저...
아...
음...

질문을 만들어 보세요.

1. A 앤디 씨는 한국 문화에 대해서 잘 아시는 것 같아요.
   B 전에는 한국 문화를 잘 몰랐는데 한국어를 배운 다음에 이해하게 됐어요. (이해하다)
2. A 주말에 보통 뭐 하세요?
   B 운전을 배우기 전에는 주말에 집에만 있었는데 요즘은 여행을 자주 ______. (다니다)
3. A 사진을 많이 찍으세요?
   B 네, 카메라를 산 다음부터 사진을 많이 ______. (찍다)
4. A 언제부터 그 가수를 좋아했어요?
   B 콘서트에 갔다 온 다음부터 그 가수를 ______. (좋아하다)
5. A 요리를 자주 하세요?
   B 혼자 살기 시작한 후부터 자주 ______. (만들다)

메모한 다음에 같이 이야기해 보세요.

어렸을 때	지금
피아노 치는 것을 싫어했는데	좋아하게 됐어요.

한국에 처음 왔을 때	지금
김치를 못 먹었는데	잘 먹게 됐어요.

저는 어렸을 때는 피아노 치는 것을 싫어했는데 지금은 좋아하게 됐어요. ______ 씨는 어렸을 때 어땠어요?

p 239 Grammar Reference

-기로 했어요 ②

바꿔서 말해 보세요.

1. 운동하려고 내일부터 일찍 일어나기로 했어요.
   일어나다
2. 건강이 안 좋아져서 ____________.
   운동하다
3. 목이 아파서 커피를 ____________.
   안 마시다
4. 한국어 공부가 어려워서 매일 ____________.
   한국어 MP3를 듣다
5. 이번 방학부터 중국어를 ____________.
   배우러 다니다

메모한 다음에 같이 이야기해 보세요.

- 건강이 안 좋아져서 ____________.
- 아무리 힘들어도 ____________.
- 시간이 날 때 ____________.
- 시험을 잘 못 봐서 ____________.
- 이번 방학 때 ____________.

________ 씨, 결심을 말해 보세요.

저는 건강이 안 좋아져서 내일부터 수영하기로 했어요.

18과
말하기
대화

한국 생활 경험 말하기

한국 생활이 처음보다 좋아졌다고 얘기하고 싶습니다. 그때 어떻게 말합니까?

지금은 많이 이해하게 됐어요.
지금도 힘드세요?

미나 앤디 씨, 처음 한국에 왔을 때 어떠셨어요?

앤디 처음 한국에 왔을 때에는 문화가 달라서 힘들었어요.

미나 지금도 힘드세요?

앤디 아니요, 지금은 많이 이해하게 됐어요.

미나 이번 학기가 끝나면 어떻게 하실 거예요?

앤디 한 학기를 쉬기로 했어요. 미나 씨는요?

미나 저는 여행을 하려고 해요.

다음을 이용해서 대화를 만들어 보세요

문화가 다르다	많이 이해하다
한국말을 잘 못하다	잘하다
듣기가 어렵다	알아듣다
음식이 입에 안 맞다	잘 먹을 수 있다
회사 일을 잘 모르다	잘 할 수 있다

친구들하고 헤어져서 섭섭해요

어떤 사람하고 헤어질 때 섭섭해요? 어떤 사람하고 헤어질 때 기뻐요?

여기가 어디인 것 같아요?
한스 씨와 소라 씨는 왜 여기에 있을까요?

소라 씨가 공항에 한스 씨를 배웅 나갔습니다. 두 사람이 무슨 이야기를 해요? MP3 70

18 과

듣고말하기

가 알맞은 답을 고르십시오.

한스 씨가 뭐라고 했어요?

1. 한스 씨는 친구들하고 헤어져서
   ㉮ 기쁘다고 했어요.
   ㉯ 섭섭하다고 했어요.

2. 한스 씨는 도와준 학생이 제일 기억에 남는다고 했어요.
   ㉮ 길을 잃어버렸을 때
   ㉯ 처음 한국말을 공부했을 때

3. 한스 씨가 처음 한국에 왔을 때에는
   ㉮ 한국어를 잘 못했는데 지금은 잘하게 됐어요.
   ㉯ 한국 음식을 하나도 못 먹었는데 지금은 잘 먹을 수 있게 됐어요.

4. 한스 씨는 독일에 가서
   ㉮ 한국어 학교에 다니기로 했어요.
   ㉯ 무엇을 할지 정하기로 했어요.

5. 한스 씨는 독일에 가면 현우 씨한테
   ㉮ 소라 씨 안부를 전하겠다고 했어요.
   ㉯ 소라 씨 선물을 전하겠다고 했어요.

나 묻고 대답하십시오.

1. 한스 씨는 한국을 떠나는 느낌이 어떻다고 했어요?
2. 한스 씨는 한국 생활 중에서 뭐가 제일 기억에 남는다고 했어요?
3. 한스 씨는 학교 생활에 대해서 어떻게 말했어요?
4. 한스 씨는 앞으로 어떤 계획이 있어요?
5. 두 사람이 헤어질 때 어떻게 인사했어요?

다 **잘 듣고 빈칸을 채우십시오.** MP3 71

소라 : 현우 씨 만나면 ① ________ 전해 주세요.
한스 : 네, 전해 드릴게요. 소라 씨, 이제 가야겠어요.
소라 : 그럼, 메일 보낼게요. 안녕히 가세요.
한스 : 저도 ② ____________. 안녕히 계세요.

라 **잘 듣고 따라하십시오.** 끊어 말하기 MP3 72

- 제가 처음 한국에 왔을 때 길을 잃어버린 적이 있어요.
  그때 도와준 학생이 제일 생각나요.
- 학교에서 좋은 친구도 많이 사귀고 재미있는 일도 많았어요.

마 **다음 요약문을 완성하십시오.**

소라 씨는 한스 씨한테 (ㅇ　　　)를 하려고 공항에 나왔습니다. 한스 씨는 고향에 돌아가는 것은 기쁘지만 친구들하고 헤어져서 (ㅅ　　　)고 했습니다. 한스 씨는 처음에 한국어를 잘 못했는데 이제는 잘하게 됐습니다. 한스 씨는 한국어 공부가 처음에는 (ㅎ　　　)지만 나중에는 재미있는 일도 많았다고 했습니다. 헤어질 때 소라 씨는 메일을 보내겠다고 했습니다. 한스 씨도 독일에 가서 (ㅇ　　　)하겠다고 했습니다.

바 **해 봅시다.**

역할극

여러분이 한국을 떠나는 날 친구가 공항에 배웅 나왔습니다.
시간이 있어서 친구하고 커피숍에 갑니다.
한국 생활, 한국어 공부, 계획에 대해서 얘기해 보세요.

사 **써 봅시다.**

한국 생활에서 제일 기억에 남는 것에 대해서 써 보세요.

문법

1. -게 되다①

A : 어떻게 한국어를 잘 하게 됐어요?
B : 매일 한국 친구하고 연습했어요.

2. -기로 했어요②

A : 이번 학기가 끝나면 어떻게 하실 거예요?
B : 저는 고향으로 돌아가기로 했어요.

단어 표현

■ 동사 verb ▲ 형용사 adjective ● 명사 noun ◆ 부사 adverb □ 기타/표현 etc/expression

대화

- ■ 알아듣다 — to comprehend (by listening)
- ■ 이해하다 — to understand
- ● 학기 — semester
- □ 음식이 입에 안 맞다 — food is not to one's taste
- □ 일을 잘 모르다 — to be unfamiliar with the work
- □ 한 학기를 쉬다 — to take a semester off

듣고 말하기

- ● 안부 — regards
- □ 나와 줘서 고마워요. — Thank you for coming.
- □ 덕분이에요. — It's thanks to you.
- □ 메일 보낼게요. — I will send an email.
- □ 안부 전해 주세요. — Please give my regards (to someone).
- □ 아직 모르겠어요. — I don't know yet.
- □ 연락할게요. — I'll be in touch.
- □ 이제 가야겠어요. — I should probably go now.
- □ 차 한잔해요. — Let's have a cup of tea.
- □ 참! — Oh! (when something comes to your mind)
- □ 헤어져서 섭섭해요. — I am sad to part (with my friends).

MP3 73

✓ Self check

1. 처음 한국어를 배울 때 어땠어요? 지금은 어떻게 달라졌어요? ['-게 됐어요'를 사용하세요.]
   What was it like when you first started studying Korean? How is it different now? [Remember to use '-게 됐어요'.]
2. 이번 학기가 끝난 다음에 뭐 하기로 했어요? ['-기로 했어요' 를 사용하세요.]
   What are you planning to do after this semester is over? [Remember to use '-기로 했어요'.]

Grammar Reference

❶ -게 되다 ①
❷ -기로 했어요 ②

❶ -게 되다①

1. MEANING

'-게 되다' is used to express a final condition after a change has occurred. This form is usually expressed in the past tense because it describes a condition that has already changed. It has the same meaning as 'to come to (a change)'.

2. FORM

'-게 되다' is used with verbs and '있다/없다'. It is always attached directly to the end of the verb stem.

잘하다 → 잘하게 되다
있다 → 있게 되다

e.g. 처음 한국에 왔을 때에는 한국어를 잘 못했는데 지금은 잘하게 됐어요.
김치를 처음 먹었을 때에는 너무 매웠는데 지금은 잘 먹을 수 있게 됐어요.

NOTE

1. The present or future tense of '-게 되다' can be used to speak about well-known facts or generally agreed-upon truths.

e.g. 한국 친구와 이야기를 많이 하면 한국어를 잘하게 돼요.
나중에 사람들이 그 일을 다 알게 될 거예요.

2. '-아/어지다' is usually used with adjectives.

e.g. 아까는 배가 많이 아팠는데 지금은 약을 먹어서 좋아졌어요.
날씨가 따뜻해졌어요.

If you want to review it, see Unit 14.

❷ -기로 했어요②

1. MEANING

'-기로 했어요' is used to express the speaker's resolution or firm decision to do something in the future. It is usually in the past tense because it describes a decision made in the past, even though the plan being made will take place in the future.

2. FORM

'-기로 했어요' is used always attached directly to the end of the verb stem.

일어나다 → 일어나기로 했어요
살다 → 살기로 했어요

e.g. 내일부터 아침에 일찍 일어나기로 했어요.
한국에서 1년 더 살기로 했어요.

Fascinating aspects of daily life in Korea

Stone bed The stone bed combines elements from the Western bed and the Korean 'ondol' heating system. The top of the bed is made of stone, and underneath the stone is a cavity filled with air. Below that is a heating system. Heat travels through the layer of air and is transferred to the stone to recreate the effect of ondol. Although stone beds are expensive, they are a popular present for sons and daughters to give their parents.

Street food You can buy a variety of snacks such as ddeokbokki (rice cake in hot pepper paste), twigim (fried vegetables), and hoddeok (sweet pastries) from street vendors. The carts that sell street food of this sort are called '포장마차'. In the winter, vendors appear selling roasted sweet potatoes, roasted chestnuts, fish-shaped pastries filed with red beans, egg pastries, and more. The food is cheap and makes for a nice snack.

Delivery In Korea, delivery is available for more than just pizza! It is also easy to order fried chicken, Chinese food, boxed lunches, kimbap, udong, and so on. For fried chicken and Chinese food, delivery is available late into the night.

Jjimjilbang The jjimjilbang is a place where you can relax and recover from fatigue. When at the jjimjilbang, change into the provided clothes and go into the sauna to sweat out toxins. Usually people do not go to the jjimjilbang alone. Instead, they go with friends or family. After sitting in the sauna for a while, you can go to the air-conditioned areas to talk over refreshments, watch TV, or play games.

Appendix
부록

참고 문법·단어 표현 Supplementary Grammar & Vocabulary

불규칙 Irregular Verbs·Adjectives

듣기 대본 Listening Script

영어 번역 English Translation

트랙 목차 MP3 Contents

Supplementary Grammar Vocabulary 참고문법·단어표현

Unit 1

참고 문법 Supplementary Grammar

1. -아/어서② ⇒ Unit 3 Grammar Reference, p 53

2. -습니다 (sentence ending in formal speech)
   Used in situations when formal speech is required, such as on the news, job interviews, academic speeches, and when speaking to officials or army personnel.

   e.g. 오늘 날씨가 아주 춥습니다.

3. 제 my

   e.g. 제 사전을 빌려 드릴게요.

4. 명사 이라서 because of
   '-이라서' is used with nouns ending in a consonant and '-라서' is used with nouns ending in a vowel.

   e.g. 주말이라서 극장에 표가 없어요.

5. 명사 와/과 and

   e.g. 앤디 씨와 미나 씨가 친해요.

6. -으면 ⇒ Unit 4 Grammar Reference, p 66

7. -으십시오 (sentence ending in formal polite speech)
   Used when politely telling someone to do something -[the imperative].

   e.g. 들어오십시오.

8. 명사 처럼 like

   e.g. 소라 씨처럼 노래를 잘하고 싶어요.

참고 단어·표현 Supplementary Vocabulary

단원 표지

대화	dialogue

문법1

과	unit
칠판	blackboard
너무	too (+adjective), too much, very (often conveys negative meaning)
어둡다	to be dark
불을 켜다	to turn on a light
이용하다	to use
지갑	purse, wallet

문법3

영국	England/Britain
독일	Germany
배우	actor/actress
스무고개	Twenty Questions (the name of a game)
가수	singer

대화

처음	(the) first, for the first time

Unit 2

참고 문법 Supplementary Grammar

1. 명사 이요
   Used to avoid repeating the predicate of a question in its response.
   '-이요' is used with nouns ending in a consonant and '-요' is used with nouns ending in a vowel.

   e.g. 앤디 : 누가 전화했어요?
   수잔 : 렌핑 씨요.

2. -을까요?② ⇒ Unit 4 Grammar Reference, p 66

3. 명사 한테서 from (someone)

   e.g. 친구한테서 메일을 받았어요.

참고 단어·표현 Supplementary Vocabulary

문법1

동작	action, motion
이기다	to win

문법3

알람시계	alarm clock
빵	bread
노트북	laptop, notebook

대화

얘기	chat, talk

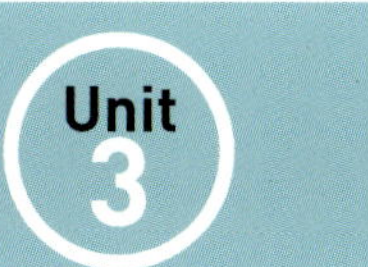

참고 문법

Listening Script

1. 하나도 안 …… not at all

e.g. A 시험이 어려웠어요?
B 아니요. 하나도 안 어려웠어요.

참고 단어·표현 Supplementary Vocabulary

단원 표지
일상 생활 daily life

문법1
참기름 sesame oil

문법2
씻다 to wash

대화
간식 (between-meal) snack

듣고 말하기
끊어 말하기 taking small pauses while speaking

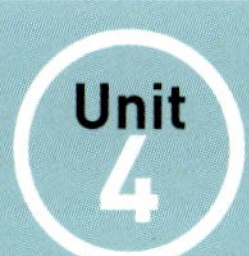

참고 문법 Supplementary Grammar

1. 명사 이/가 보고 싶다
Instead of '-을/를', '-이/가' can be used before '보고 싶다'. You are encouraged to use '-이/가 보고 싶다'.

e.g. 부모님이 보고 싶어요. I miss my parents.

2. 명사 으로 (in)to

e.g. 이쪽으로 오세요. 제가 안내해 드릴게요.

3. 명사 도 …… 명사 도 both… and…
Used when the speaker wishes to talk about two things in one sentence with equal emphasis.

e.g. 소라 씨 생일이에요. 그래서 선물도 준비하고 생일 카드도 썼어요.

참고 단어·표현 Supplementary Vocabulary

대화
아주머니 middle-aged lady

읽고 말하기
문제가 생기다 problem comes up

참고 문법 Supplementary Grammar

Listening Script

1. -은데요
Used as an exclamation in the case of an unexpected situation or when something is discovered.
'-은데요' is used with adjectives ending in a consonant and '-ㄴ데요'with adjectives ending in a vowel.

e.g. A 체육관 시설이 좋은데요! 내일부터 여기서 운동합시다.
B 그럽시다.

2. -지요
Used when a speaker expresses confidence in his/her opinion.

e.g. A 지금 가면 길이 많이 막힐까요?
B 네. 이 시간에 길이 막히지요.

3. 제가 I
Usually omitted, but when used it is to emphasize that you are the subject of the action rather than somebody else.

e.g. A 와! 이 케이크 정말 맛있는데요!
B 제가 만들었어요.

참고 단어·표현 Supplementary Vocabulary

단원 표지
협상하기 negotiating

대화
일이 있다 to have something to do
그건 it's, that's

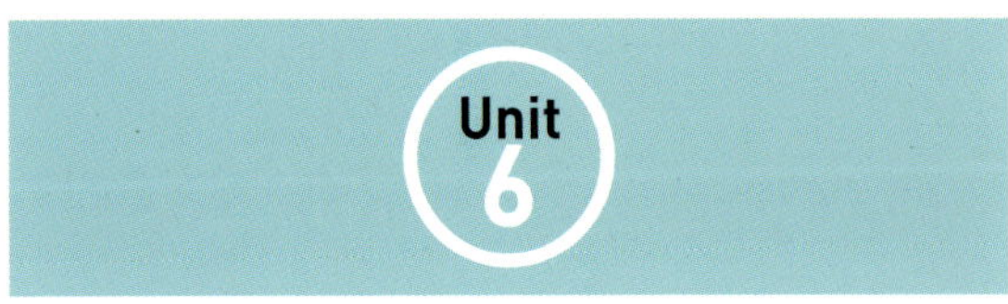

참고 문법 Supplementary Grammar

1. **목이 마르다** to be thirsty (**르 irregular**)
When verb and adjective stems ending with '르' are followed by '아' or '어', the vowel 'ㅡ' in '르' is dropped. And then another 'ㄹ' added to the preceding syllable.

부르다	부르 + 어서 → 불러서
빠르다	빠르 + 아서 → 빨라서

e.g. A 이 책하고 저 책이 같아요?
B 아니요, 달라요.

2. 명사 은/는 (topic marker)
When '은/는' is used with markers like '에, 에서, 부터, 까지', it is attached to the markers (에는, 에서는, 부터는, 까지는).

e.g. 금요일 오후에는 농구해요.

선생님 : 숙제 좀 하세요.
앤디 : 네, 내일부터는 꼭 할게요.

3. 명사 으로 by means of, through
'-으로' is used with nouns ending in a consonant and '-로' with nouns ending in a vowel.

e.g. 이 휴지로 닦으세요.

4. -고
Used to express doing an action while maintaining the result of the previous action.

e.g. 우산을 가지고 가세요.

편한 신발을 신고 가세요.

5. 명사 끼리
Used to group similar things/people together.

참고 단어·표현 Supplementary Vocabulary

단원 표지
금지 말하기 prohibiting
알아 두다 to bear in mind, to keep in mind

문법1
목이 마르다 to be thirsty, to have a dry throat

문법2
문자 메시지 text message
담배를 피우다 to smoke a cigarette

대화
큰 소리로 in a loud voice

읽고 말하기
그릇 bowl, vessel for food
제목 the subject of the story
시키다 to order (food)
종업원 employee
식사 예절 table manners

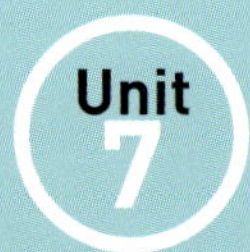

참고 문법 Supplementary Grammar

Listening Script

1. **-아/어 보이다** to look, to seem like (adjective)

e.g. 앤디 씨, 감기가 다 나았어요?
얼굴이 좋아 보여요.

2. **사 가다** buy and go
similar verbs: 사 오다, 만들어 가다, 만들어 오다

e.g. 어제 수잔 씨 집에 갈 때 꽃을 사 갔어요.

참고 단어·표현 Supplementary Vocabulary

문법1
돕다 to help

문법2
동대문 Great East Gate

대화
점원 clerk, shop assistant

듣고 말하기
짐 load, burden
브랜드 brand
가게 주인 storekeeper, shopkeeper

보여 주다	to show
첫 번째	the first
두 번째	the second

참고 문법 Supplementary Grammar

1. 명사 에 대해서 about something/someone

E.g. 학생들이 시험에 대해서 얘기해요.

Listening Script

1. 참 very
Used similarly to '진짜, 정말, 아주'.

e.g. 소라씨가 노래를 참 잘해요.

참고 단어·표현 Supplementary Vocabulary

문법1

테이블을 닦다	to wipe a table

문법2

귓속말	whisper
도움을 받다	to get help

대화

주문하다	to order (food)

듣고 말하기

개업식	ceremony celebrating the opening of a business

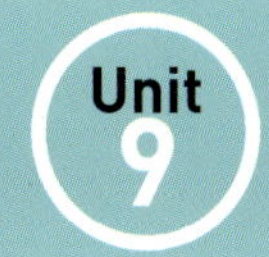

참고 문법 Supplementary Grammar

1. 못 들었어요/못 봤어요 I have not heard/ I have not seen

e.g. A 투안 씨 얘기 들었어요?
B 아니요. 못 들었어요.

A 혹시 제 사전 봤어요?
B 아니요 못 봤어요.

2. 아/어서요 It's because···

e.g. A 왜 이사하세요?
B 집이 너무 멀어서요.
(= 집이 너무 멀어서 이사해요.)

참고 단어·표현 Supplementary Vocabulary

단원 표지

소문	rumor, gossip

문법1

김밥	rice rolled in dried laver (Korean food)

문법2

아까	little while ago

문법3

독일어	the German language
아르바이트하다	to have a part-time job

읽고 말하기

스피치를 하다	to give a speech
비슷하다	to be similar
말하기 대회	speech contest
상을 받다	to win (receive) a prize

참고 문법 Supplementary Grammar

1. -게
(ending which changes adjectives into adverbs)

e.g. 선생님이 학생한테 문법을 친절하게 설명해 줬어요.

2. -아/어서
소리 내서 읽다 read aloud

e.g. 발음 연습을 하려고 소리 내서 책을 읽어요.

참고 단어·표현 Supplementary Vocabulary

단원 표지
학습 목표 learning objectives
대화 dialogue

문법1
카드 card
텔레비전 프로그램 television program
이용하다 to use

문법2
역사 history
태극기 Taegeukgi, the national flag of Korea

문법3
문장 sentence
완성하다 to complete
선글라스를 쓰다 to wear sunglasses
스카프를 하다 to wear a scarf
장갑을 끼다 to wear gloves
목걸이를 하다 to wear a necklace
귀걸이를 하다 to wear earrings
구두를 신다 to wear shoes
청바지 blue jeans
반지 ring
반 class

대화
소개 받다 to be introduced

읽고 말하기
마임 축제 mime festival
강원도 Gangwon province
보고 싶은 Dear [in letters]
-께 to (someone) [honorific form]
호수 lake
떠나다 to leave (a place)
모두 all
올림 Sincerely yours, [closing expression in letters]
맞다 to be correct
틀리다 to be incorrect
묻다 to ask
소리 내서 읽다 to read out loud
끊어 읽기 reading with small pauses
그림 picture, painting, drawing
홈페이지 homepage

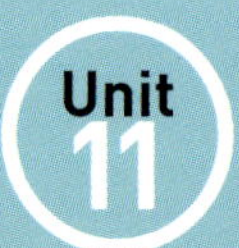

참고 문법 Supplementary Grammar

Listening Script

1. [명사]은/는요? How about you?
This is used when asking the same question back to the person that asked you rather than repeating the entire question again.

e.g. A 집에 어떻게 가세요?
B 차로 가요. A 씨는요?
A 저는 걸어서 가요.
B 집이 가까워요?
A 네, 학교 근처에 살아요. 걸어서 3분 걸려요.

2. [명사]이요?
This is used when the speaker confirms what the interlocutor has said.

e.g. A 여의도에 어떻게 가요?
B 병원 앞에서 721번 버스를 타세요.
A 721번이요? 알겠어요. 고마워요.

3. -은데요/는데요
This is used when the speaker conveys information about a situation and waits for the listener's response.

e.g. [학교 등록 사무실]
A 제 친구가 한국어를 공부하려고 하는데요.
B 네, 안내 책자 보여 드릴까요? 어느 나라 언어가 편하세요?
A 일본어로 주세요. 감사합니다.

참고 단어·표현 Supplementary Vocabulary

단원 표지
추측하기 guessing

문법1
슬프다 to be sad

문법2
운전하다 to drive
뜨겁다 to be hot
락 음악 rock music

문법3
놀이기구를 타다 to ride theme park rides

대화
늦잠을 자다 to oversleep
이유 reason
추측하다 to guess

듣고 말하기
순서 order, sequence

단원 정리
시끄럽다 to be noisy

Unit 12

참고 문법 Supplementary Grammar

1. **하나도 안** not at all (verb negation)

e.g. A 쓰기 숙제가 힘들지요?
B 아니요, 하나도 안 힘들어요.
저는 쓰기가 재미있어요.

2. **-기 시작하다** to begin to do something

e.g. 이번 달부터 요리를 배우기 시작했어요.

3. **-이**
When the name of the subject ends in a consonant, '-이' is added between the name and the subject marker.

e.g. A 지훈이한테 얘기했어?
B 아니, 아직 얘기 못 했어.

아침에 식당에서 지훈이를 만났어.

지훈이가 오늘 기분 좋은 일이 있는 것 같아.

참고 단어·표현 Supplementary Vocabulary

단원 표지
제안하기 making suggestions
간접화법 reported speech
반말 casual speech
운이 없어! Bad luck!

문법3
만화책 comic book
드라마 drama
예능 variety show
계획을 세우다 to make a plan
자연 경치 landscape

읽고 말하기
줄을 긋다 to draw a line
끊어 읽기 reading with small pauses
휴일 day off

Unit 13

참고 문법 Supplementary Grammar

1. **-한테만** only to (someone)
When '-만' is used after '-이/가' or '-을/를', '-이/가' or '-을/를' is omitted.
But when '-만' is used after '-하고', '-한테', '-에서', and '-에', they are combined to form '-하고만', '-한테만', '-에서만', and '-에만'.

e.g. 교실에서는 한국말로만 얘기하세요.
앤디 씨가 미나 씨한테만 선물을 줬어요.

2. **잔칫집** a banquet house
When two nouns are combined to form a new word, there are some words which involve a 'ㅅ' between the two nouns (such as 잔칫집, 어젯밤, 윗집, 아랫집, and 이삿짐).

e.g. 윗집에 사는 사람을 엘리베이터에서 만났어요.

참고 단어·표현 Supplementary Vocabulary

단원 표지

비교하기 comparing
옛날 이야기 folk tale
콩쥐 팥쥐 [title of a Korean folk tale]

문법1

더럽다 to be dirty

문법2

다 all
하루에 in a day
샌드위치 sandwich

문법3

일흔이세요. He/she is 70 years old.

대화

그림을 그리다 to draw a picture

읽고 말하기

그 후 after that time
어느 날 one day
데려가다 take (a person) along, go with
나타나다 to appear
일을 끝내다 to finish work
일이 끝나요. The work is finished.
신발 한 짝 one shoe
아름답다 to be beautiful
특별하다 to be special
신발 주인 the shoes' owner
마지막으로 for the last time
기쁘다 to be pleased
착한 마음 good heart, warm heart
오래오래 long, long time
신데렐라 Cinderella
원님 local magistrate [in a folk tale]
내용 contents

단원 정리

성격 character

참고 문법 Supplementary Grammar

1. 명사에 좋다 to be good for something

e.g. 아침 식사를 하는 것이 건강에 좋아요.

2. 명사을/를 위해서
for someone/something

e.g. 내일이 이리나 씨 생일이에요.
그래서 이리나 씨를 위해서 선물을 준비했어요.

3. 명사씩 each

e.g. 부모님하고 1주일에 한 번씩 통화해요.
(once a week)

4. 그래도
nevertheless, even though, still

e.g. 점심을 많이 먹었어요. 그래도 배가 고파요.

참고 단어·표현 Supplementary Vocabulary

단원 표지

변명하기 making excuses
알아보다 to find out

문법1

세탁하다 to wash
올해 this year
게으르다 to be lazy
부지런하다 to be diligent

문법2

결석하다 to be absent
코미디 영화를 보다 to watch a comic movie
계속 전화하다 to keep on calling

문법3

숙제를 내다 to submit homework
엄마 mom
알아맞히다 to guess, to find out
야채 vegetable

대화

열이 나다	to have a fever

듣고 말하기

잠을 자다	to sleep
식사 습관	eating habit
가지	counter for kinds, ideas, or ways
인스턴트 음식	instant food

단원 정리

날마다	everyday

참고 문법 Supplementary Grammar

1. **한** about, approximately

> e.g. A 집에서 공항까지 얼마나 걸려요?
> B 버스로 한 한 시간쯤 걸려요.

Listening Script

1. **-으려면** if you intend/want to do (something), then

> e.g. 태국 음식을 먹으려면 이태원에 가세요.
> 이태원에 좋은 태국 식당이 있어요.

참고 단어·표현 Supplementary Vocabulary

단원 표지

여행지	one's travel destination

문법1

옛날 물건	antiques
옛날 음악을 듣다	to listen to old music
한복을 입다	to wear Korean traditional costume
라틴 댄스	Latin dance

문법2

순두부찌개	pot stew with uncurdled bean curd [Korean food]
삼계탕	hot chicken soup with ginseng [Korean food]

시설	facilities
심심하다	to be bored

대화

플라멩코	flamenco [Spanish dance]
페루	Peru
맥주	beer
바닷가	beach
마추픽추	Machu Picchu

듣고 말하기

지금쯤	around now
전라도	Jeolla province
서해	west coast, the West Sea
해외 여행	overseas travel

참고 문법 Supplementary Grammar

1. **꿈을 꾸다** to have a dream
   similar examples : 춤을 추다, 잠을 자다, 그림을 그리다

> e.g. 어제 이상한 꿈을 꿨어요. 꿈에서 돼지하고 놀았어요.

2. **-고 생각하다** to think that (something)

> e.g. 소라 씨는 앤디 씨가 아주 똑똑하다고 생각해요.

참고 단어·표현 Supplementary Vocabulary

단원 표지

정보	information

문법1

섬	island
산	mountain
월드컵	World Cup

대화

소식	news
회사 동료	colleague

읽고 말하기

까치 소리를 듣다	to listen to a magpie's calls

새로 newly, anew
오래 살다 to live long
한 해 one year
미신 superstition

참고 단어·표현 Supplementary Vocabulary

단원 표지
격식체 formal polite speech
격식체 존댓말 honorific form in formal polite speech

문법1
회의실 meeting room

문법2
회식 company dinner

듣고 말하기
들어오십시오. Please come in. [formal polite speech]
안녕하십니까? How are you? [formal polite speech]
앉으십시오. Please have a seat. [formal polite speech]
안녕히 계십시오. Goodbye. [formal polite speech, said by the leaving party]
안녕히 가십시오. Goodbye. [formal polite speech, said by the staying party

참고 단어·표현 Supplementary Vocabulary

문법1
운전 driving
카메라 camera
콘서트 concert

듣고 말하기
어떤 사람 what kind of person
배웅 나가다 to go out to see (someone) off
아니에요! No!
앞으로 in the future, later on

Irregular 불규칙 Verbs · Adjectives

Some verbs and adjectives change their stems when certain endings (i.e. -아/어요) or conjunctions (i.e. -아/어서, -은 다음에, -으면) are added.
These verbs and adjectives are known as irregular. The verbs and adjectives that have irregular forms have stems ending with 'ㅡ, ㄷ, ㄹ, ㅂ, ㅅ, 르 and ㅎ'.

ㅡ irregular verbs/adjectives

Verb and adjective stems ending with 'ㅡ (i.e. 바쁘다, 아프다, 예쁘다)'
drop the 'ㅡ' when followed by '-아/어요'.

1) If the vowel before 'ㅡ' is '아' or '오', '-아요' is added.
바쁘다　바쁘 + 아요 → 바빠요

e.g.　A　오늘 영화 보는 게 어때요?
B　미안해요. 오늘은 좀 바빠요. 다음에 봐요.

2) If the vowel before 'ㅡ' is a vowel other than '아' or '오', '-어요' is added.
예쁘다　예쁘 + 어요 → 예뻐요

e.g.　[꽃집] 이 꽃이 제일 예뻐요. 이걸로 주세요.

3) If the stem is one syllable, '-어요' is added.
쓰다　쓰 + 어요 → 써요

e.g.　저는 약속을 안 잊어버리려고 항상 메모지에 써요.

ㄷ irregular verbs

When verb stems ending in 'ㄷ (i.e. 듣다, 묻다, 걷다)' are conjugated with verb endings beginning with a vowel, 'ㄷ' is changed to 'ㄹ'.
걷다　걷 + 어요 → 걸어요
걷 + 었어요 → 걸었어요
걷 + 을 거예요 → 걸을 거예요

e.g.　투안 씨는 날마다 저녁 식사한 다음에 공원에 가서 30분씩 걸어요.

ㄷ irregular verbs	Vowel ending (final consonant ㄷ→ㄹ)	Consonant ending
듣다 (to listen)	들어요	듣고 싶어요
묻다 (to ask)	물어요	묻고 싶어요
걷다 (to walk)	걸어요	걷고 싶어요

NOTE

'닫다', '받다' and '믿다' are regular verbs. The stems do not change even if they are followed by a vowel.
닫다 (to close)　닫 + 아요 → 닫아요
받다 (to receive)　받 + 아요 → 받아요
믿다 (to believe)　믿 + 어요 → 믿어요

e.g.　A 죄송하지만 문 좀 닫아 주시겠어요?
B 네, 닫아 드릴게요.

ㅂ irregular adjectives/verbs

When an adjective or verb stem ends with 'ㅂ', and the adjective or verb stem is followed by a vowel, the 'ㅂ' is changed to '우'.
쉽다 (to be easy)
쉽 + 어요 → 쉬우어요 → 쉬워요
춥다 (to be cold)
춥 + 어요 → 추우어요 → 추워요

e.g.　이 책이 저 책보다 쉬워요.
쉬워서 빨리 읽을 수 있으니까 좋아요.

ㅂ irregular adjectives	
쉽다	쉬워요
어렵다	어려워요
춥다	추워요
덥다	더워요
무겁다	무거워요
가볍다	가벼워요
반갑다	반가워요

NOTE

1. '돕다' is an exception. The 'ㅂ' of '돕' is changed to '오', and then '-아요' is added.
돕다 (to help)
돕 + 아요 → 도오아요 → 도와요

e.g.　A 일이 많으면 제가 좀 도와 드릴까요?
B 감사합니다. 좀 도와 주세요.

2. '입다' and '좁다' are regular verbs/adjectives and their stems do not change.
입다 (to wear)　입 + 어요 → 입어요
좁다 (to be narrow)　좁 + 아요 → 좁아요

e.g.　앤디 씨가 보통 청바지를 입어요.
우리 집 앞은 길이 좁아서 주차할 수 없어요.

르 irregular verbs/adjectives

When verb and adjective stems ending with a '르' are followed by '아' or '어', the vowel '으' is dropped and another 'ㄹ' is added to the preceding syllable.

모르다 (not to know)
모르 + 아요 → 몰ㄹ + 아요 → 몰라요
부르다 (to call)
부르 + 어요 → 불ㄹ + 어요 → 불러요

e.g. 식당에서 손님이 주인을 불러요.
한국 문화하고 중국 문화가 비슷해 보여요. 하지만 많이 달라요.

르 irregular verbs	
모르다(not to know) 부르다(to call)	몰라요 불러요

르 irregular adjectives	
빠르다(to be fast) 다르다(to be different)	빨라요 달라요

ㄹ irregular verbs/adjectives (ㄹ deletion)

With verb and adjective stems ending in the consonant 'ㄹ(i.e. 살다, 길다), the 'ㄹ' is dropped when followed by a verb or adjective ending that begins with 'ㄴ', 'ㅂ' or 'ㅅ'.

살다 (to live)
살 + 세요[1] → 사세요
알다(to know) 알 + ㅂ니다 → 압니다
길다 (to be long)
길 + ㄴ → 긴 치마

e.g. 선생님은 학교 근처 아파트에서 사세요.
파울로 씨를 잘 압니까?
유리 씨는 긴 치마를 자주 입어요.

ㄹ irregular Verbs	-세요	-ㅂ니다	-는
살다(to live)	사세요	삽니다	사는
알다(to know)	아세요	압니다	아는
만들다(to make)	만드세요	만듭니다	만드는
놀다(to play)	노세요	놉니다	노는

ㄹ irregular Adjectives	-세요	-ㅂ니다	-는
멀다(to be far)	머세요	멉니다	먼
길다(to be long)	기세요	깁니다	긴

ㅅ irregular verbs/adjectives

Some verbs that have stems ending with 'ㅅ (i.e. 낫다, 붓다, 긋다)' drop the 'ㅅ' when followed by a vowel. However, when followed by a consonant, they do not drop the 'ㅅ' of the stem.

붓다 (to be swollen)
붓 + 어서 → 부어서
낫다 (to be cured)
낫 + 아서 → 나아서

e.g. A 어! 미나 씨, 눈이 부었어요. 왜 그래요?
B 어제 밤에 많이 울어서 눈이 부었어요. 밤에 슬픈 영화를 봤어요.

붓다(to be swollen)
붓 + 고 → 붓고
낫다(to be cured)
낫 + 지 → 낫지

e.g. A 감기에 걸린 것 같아요. 열이 나요.
B 그럼, 푹 쉬세요. 쉬면 감기가 나을 거예요.

NOTE

When using '붓다' and '낫다' to describe a condition at a specific time in the present, it is important to note that even if the speaker is speaking in the present, the past tense must be used; however, when describing a condition in general, the present or future tense is used.

e.g. 의사 : 어디가 아프세요?
환자 : 목이 부었어요.
의사 : 목이 자주 부어요?
환자 : 네, 피곤하면 목이 부어요.
의사 : 약을 드릴게요. 약을 드시면 나을 거예요.

BONUS

Verbs like '웃다, 씻다' are regular verbs, and they do not follow the rule above.

웃다 웃 + 어요 → 웃어요
씻다 씻 + 어요 → 씻어요

e.g. 제니 씨가 재미있게 이야기해서 사람들이 많이 웃었어요.
어디에서 손을 씻을 수 있어요?

1) With verbs and adjectives ending 'ㄹ (i.e. 살다, 놀다, 알다 and 길다), the final 'ㄹ' is considered to be more of a vowel than a consonant. Therefore, instead of '으세요', the form '세요' is used. For the same reason the verb stems take 'ㅂ니다 (not 습니다) and 'ㄴ (not 은)'.

ㅎ irregular verbs/adjectives

When adjective stems ending in 'ㅎ (i.e. 이렇다, 그렇다)' are followed by '-은, -으면, -을까요?', the 'ㅎ' of the stems and the '으' of the ending are dropped.

이렇다
이렇 + 은 → 이러 + ㄴ → 이런

e.g. A 카메라를 샀어요.
B 와! 언제 이런 멋있는 카메라를 샀어요?

When followed by '-아/어요', the 'ㅎ' of the stem is deleted and the vowels of the stem and ending combine to become '-애요' or '-얘요'.

그렇다
그렇 + 어요 → 그러 + 어요 → 그래요
파랗다
파랗 + 아요 → 파라 + 아요 → 파래요

e.g. [소라 씨가 리엔 씨한테 사진을 보여 줘요.]

리엔 : 와, 이 사람이 소라 씨예요? 진짜 멋있어요.
소라 : 그래요? 감사합니다.
리엔 : 어디에서 이런 사진을 찍을 수 있어요?
소라 : 청담동에 있는 사진 스튜디오에서 찍었어요. 그 스튜디오가 유명하니까 리엔 씨도 가 보세요.

[가을, 날씨 좋은 날]
와! 날씨가 정말 좋아요. 하늘이 파래요.

ㅎ irregular adjectives	-은	-으면	-아/어요
그렇다 (to be that way)	그런	그러면	그래요
빨갛다 (to be red)	빨간		빨개요
파랗다 (to be blue)	파란		파래요
노랗다 (to be yellow)	노란		노래요
까맣다 (to be black)	까만		까매요
하얗다 (to be white)	하얀		하얘요

NOTE
'좋다' is a regular adjective, and its stem does not change.

Listening Script 듣기 대본

p 49

MP3 9

번지 점프를 했어요

제니　앤디 씨, 안녕하세요?
앤디　어! 제니 씨! 안녕하세요?
제니　앤디 씨, 주말 잘 보냈어요?
앤디　네, 아주 재미있었어요.
제니　뭐 했어요?
앤디　친구들하고 분당에 가서 번지 점프를 했어요.
제니　번지 점프요?
앤디　네, 진짜 재미있었어요.
제니　번지 점프가 위험하지 않아요?
앤디　위험하지 않아요.
제니　안 무서웠어요?
앤디　뛰어내리기 전에는 조금 무서웠어요. 하지만 뛰어내릴 때에는 하나도 안 무서웠어요[1]. 기분이 정말 좋았어요.
제니　네, 그랬어요?
앤디　제니 씨는 주말을 어떻게 보냈어요?
제니　저는 친구하고 에버랜드에 갔다 왔어요.
앤디　주말에는 에버랜드에 사람이 많지 않아요?
제니　많아요. 그래서 아침 일찍 가서 9시에 문을 열 때 들어갔어요.
앤디　그럼, 몇 시에 나왔어요?
제니　놀이 공원에서 놀고 동물원에 가서 구경하고 12시쯤 나와서 점심 먹었어요.
앤디　그렇게 일찍 나왔어요?
제니　네. 오후에는 에버랜드에 사람이 너무 많아서 복잡해요.
그리고 서울에 돌아올 때 길이 많이 막혀요.
앤디　아, 그래요?
제니　앤디 씨도 에버랜드에 갈 때 아침 일찍 출발하세요.
앤디　네, 알겠어요.
제니　아! 우리 이번 주 일요일에 같이 에버랜드에 갈까요?
앤디　이번 주 일요일에요?

1) 하나도 안 …… p 243

5

p 75

MP3 17

어떤 영화를 좋아하세요?

완　좋은 영화가 많은데요![1] 뭐 보는 게 좋을까요?
한스　와! 이 포스터 좀 보세요. 〈링〉볼까요?
완　〈링〉이요? 한스 씨, 무서운 영화는 싫어요.
한스　그래요? 그럼, 완 씨는 어떤 영화를 좋아하세요?
완　액션 영화요.
한스　좋아요. 그럼, 여기서(=여기에서) 〈태극기〉도 하니까 〈태극기〉 볼까요?
완　좋지요[2]. 그런데 그 영화에 누가 나와요?
한스　유명한 배우가 나와요. 장동건 씨요.
완　장동건 씨요? 제가[3] 정말 좋아해요.
한스　그래요? 그럼, 〈태극기〉 봐요.
완　지금 2시 반이니까 3시 영화 볼까요?
한스　좋아요. 제가 표 살게요.
완　네.
한스　완 씨, 어떻게 하지요? 표가 다 팔렸어요.
완　다음 회도 없어요?
한스　네, 다음 회도 다 팔렸어요.
완　어휴(=어유)!
한스　완 씨, 여기서 〈타이타닉〉도 하니까 〈타이타닉〉 보는 게 어때요? 이 영화도 인기가 많아요.
완　저, 한스 씨, 이 영화는 다음 주에 다른 친구하고 보기로 했어요.
한스　그래요? 누구하고 보기로 했어요?
완　타쿠야 씨하고 보기로 했어요.
한스　뭐라고요? 타쿠야 씨하고요?

1) -은데요, 2) -지요, 3) 제가　p 243

p 95

MP3 25

큰 배낭 있으면 좀 보여 주세요

주인　어서 오세요.
뭐 찾으세요, 손님?
지훈　배낭 있어요?
주인　네, 이쪽으로 오세요.
지훈　외국에 여행을 가려고 하는데요.
큰 배낭 있으면 좀 보여 주세요.

주인	네. 이거(=이것) 어떠세요? 크고 가벼워요. 그리고 주머니가 있어서 편리해요.
지훈	이거(=이것) 튼튼해요?
주인	물론이지요. 또 방수가 돼서 비가 올 때에도 문제가 없어요.
지훈	얼마예요?
주인	10만원이에요.
지훈	10만원이요? 너무 비싼데요. 더 싼 거(=것은) 없어요?
주인	더 싼 거는(=것은) 여기 있어요. 이건(=이것은) 6만원이에요.
지훈	저거(=저것)보다 작아 보여요[1].
주인	아니에요. 크기는 같아요. 그런데 주머니가 없어서 그래요.
지훈	네. 이 배낭도 튼튼해요?
주인	그럼요. 가볍고 아주 튼튼해요. 그런데 방수가 안 돼요.
지훈	방수가 안 돼요?
주인	그래도 값이 싸서 손님들이 많이 사 가요[2].
지훈	값은 괜찮지만, 방수가 안 돼서 마음에 안 들어요.
주인	그럼, 저걸로(=저것으로) 하세요.
지훈	글쎄요, 좀 더 보고 올게요.
주인	그러세요, 손님.
지훈	안녕히 계세요.
주인	안녕히 가세요.

1) -아/어 보이다, 2) 사 가다 p 244

8 비빔밥이 맛있다고 했어요

p 107

MP3 30

지훈	아주머니, 안녕하세요?
아주머니	지훈 학생, 어서 와요.
지훈	개업을 축하드립니다. 여기 화분을 가져왔어요.
아주머니	아이구, 화분이 참[1] 예뻐요. 정말 고마워요.
지훈	아니에요. 친구도 같이 왔어요. 완 씨, 인사하세요.
완	안녕하세요? 식당 분위기가 참 좋아요.
아주머니	그래요? 고마워요. 저기 자리가 있으니까 가서 앉으세요.
아주머니	뭐 드시겠어요?
완	뭐가 제일 맛있어요?
아주머니	비빔밥 드세요. 손님들이 맛있다고 했어요.
완	그럼, 저는 그걸로(=그것으로) 주세요.
아주머니	지훈 학생은 뭐 드시겠어요?
지훈	저는 물냉면 주세요.
아주머니	네.
아주머니	여기 비빔밥하고 물냉면 나왔어요.
지훈	아주머니, 냉면 좀 잘라 주시겠어요?
아주머니	네. 맛있게 드세요.
지훈·완	감사합니다.
지훈	완 씨, 비빔밥 어때요?
완	아주 맛있어요. 냉면은요?
지훈	냉면도 시원하고 맛있어요.
아주머니	이 떡 좀 드세요.
완	어! 이게(=이것이) 무슨 떡이에요?
아주머니	오늘 개업해서 준비했어요.
완	한국에서는 개업하면 떡을 줘요?
지훈	네. 개업하면 이웃집과 손님들한테 떡을 돌려요.
아주머니	네. 그래서 떡을 준비했어요. 드셔 보세요.
완	감사합니다. 잘 먹겠습니다.

1) 참 p 245

11 왜 이렇게 길이 막힐까요?

p 146

MP3 41

한스	제니 씨, 타세요.
제니	네.
한스	제니 씨, 그거 결혼 선물이에요?
제니	네. 히로미 씨한테 주려고 커피잔 세트를 샀어요. 한스 씨는요? [1]
한스	저는 돈을 준비했어요.
제니	그래요? 그런데 제임스 씨는 결혼식에 안 가요?
한스	어제 제임스 씨가 전화해서 결혼식에 못 간다고 했어요.
제니	네. 제임스 씨가 요즘 일이 많은 것 같아요.
한스	그럼, 이제 출발합시다.
제니	왜 이렇게 길이 막힐까요?
한스	글쎄요, 교통사고가 난 것 같아요.
제니	교통사고요?[2] 제 생각에는 길을 공사하는 것 같아요.
한스	공사요?

제니　어휴(=어유)! 결혼식이 시작하기 전에 히로미 씨를 만나야 하는데요.[3]

한스　지금 11시 30분이니까 결혼식 전에 갈 수 있을 거예요. 좀 기다려 봅시다.

제니　할 수 없지요.

한스　그런데 히로미 씨 신랑이 뭐 하는 분이에요?

제니　KT에서 일하는 분이라고 들었어요.
히로미 씨가 회사에 다닐 때 만났다고 해요.

한스　아, 그래요?

제니　어! 한스 씨, 차들이 움직여요.

한스　네. 이제 빨리 갈 수 있을 거예요.

제니　11시 50분이에요. 늦지 않을까요?

한스　근처에 다 왔으니까 너무 걱정하지 마세요.

제니　어! 저기 결혼식장이 보여요.

한스　그래요. 10분 남았으니까 빨리 갑시다.

* KT : Korea Telecom

1) -는요?, 2) -이요?, 3) -은데요/는데요 p 246

14 건강을 지키는 방법을 알아보겠습니다

p 188

MP3 52

진행자　여러분 안녕하세요? 여러분은 아침에 일어나는 것이 힘들지 않으세요?
오후가 되면 많이 피곤하지 않으세요?
오늘은 건강을 지키는 방법을 알아보겠습니다.
제 옆에는 유명한 소프라노 가수 조수미 씨가 나오셨습니다.
안녕하세요? 조수미 씨.

조수미　네, 안녕하세요.

진행자　나와 주셔서 감사합니다. 조수미 씨는 공연 때문에 항상 바쁘시지요?
그래도 언제나 아름다우시고 건강하세요.

조수미　감사합니다.

진행자　건강을 위해서 특별히 하시는 거 있으세요?

조수미　저는 잘 자는 것이 제일 중요하다고 생각해요.
그래서 하루에 여덟 시간씩 자요.
그리고 매일 같은 시간에 자고 같은 시간에 일어나요.

진행자　그러세요? 그럼, 식사는 어떻게 하세요?

조수미　아침을 꼭 먹어요. 또 식사를 할 때에는 천천히 먹어요.

진행자　조수미 씨는 식사할 때에 보통 어떤 음식을 잘 드세요?

조수미　저는 고기보다 야채를 더 좋아해요.

진행자　네. 조수미 씨도 스트레스를 받을 때가 있으시지요?

조수미　글쎄요. 저는 스트레스를 별로 안 받아요.

진행자　그럼, 몸이 피곤할 때에는 어떻게 하세요?

조수미　몸이 피곤하면 조금 낮잠을 자요.
그러면 잠깐만 자도 피로가 풀려요.
또 많이 피곤한 날은 집에 돌아가서 발 마사지를 해요.

진행자　발 마사지요?

조수미　네. 발이 피곤하면 몸도 피곤해요.
그래서 발을 마사지해 주면 피로가 풀려요.

진행자　네, 그렇군요. 잠깐 음악을 듣고 얘기를 계속하겠습니다.

15 좋은 곳 좀 추천해 주세요

p 199

MP3 57

민수　제니 씨, 이번 시험 끝나고 뭐 할 거예요?

제니　여행을 가려고 해요.

민수　네. 어디로 갈 거예요?

제니　아직 못 정했어요. 민수 씨가 좋은 곳을 좀 추천해 주세요.

민수　음……, 얼마 동안 여행하고 싶어요?

제니　한 3~4일쯤 생각하고 있어요.

민수　그럼, 동해에 한번 가 보세요. 동해에 가면 바다에서 수영할 수 있어요.
그리고 돌아올 때 설악산에도 들를 수 있어요.
동해는 여름 휴가 때 제일 인기 있는 곳이에요.

제니　그럼, 지금쯤 사람이 많지 않을까요?

민수　지금이 7월 말이니까 많을 거예요.

제니　사람이 많으면 복잡해서 싫어요.
저는 조용한 곳에 가고 싶어요.

민수　그럼, 선운사는 어때요?

제니　선운사요? 선운사가 어디에 있어요?

민수　전라도에 있어요. 선운사는 조용하니까 마음에 들 거예요.
그리고 선운사에 들어가는 길도 참 멋있어요.

제니　선운사는 어떻게 가요?

민수　거기에 가려면[1] 버스를 갈아타야 돼요.
차가 없으면 갈 때 시간이 많이 걸려요.

제니　교통이 불편하면 가고 싶지 않아요.
좀 쉽게 갈 수 있는 곳은 없어요?

민수 그럼, 경주에 가는 게 어때요? 거기는 쉽게
갈 수 있어요.
그리고 한국 역사도 배울 수 있어요.
또 여름 휴가 때에는 사람이 많지 않아서 조용해요.

제니 경주는 가 본 적이 있어요. 안 가 본 곳에 가 보고
싶어요.

민수 그러세요? 그럼, 남해는 어때요? 남해에 가 보셨어요?

제니 아니요. 남해는 뭐가 좋아요?

민수 배를 타고 섬들을 구경해 보세요.
경치가 정말 아름다워요. 신선한 회도 먹을 수 있어요.

제니 민수 씨, 저는 멀미를 해서 배는 타고 싶지 않아요.

민수 어휴(=어유)! 동해도 싫고, 선운사도 싫고,
경주도 싫고, 남해도 싫고……
그럼, 그냥 제주도에 가세요.

1) -으려면 p 249

p 224

MP3 65

자기소개를 해 보십시오

면접관 들어오십시오.

이수정 안녕하십니까? 저는 이수정이라고 합니다.

면접관 안녕하십니까? 자리에 앉으십시오.

이수정 네, 감사합니다.

면접관 이수정 씨, 짧게 자기소개를 해 보십시오.

이수정 네. 저는 한국 대학교에서 역사를 전공했습니다.
그리고 대학교에 다닐 때부터 승무원이 되려고
외국어를 배웠습니다.
또 여행을 좋아해서 대학생 때 여행을 많이 했습니다.

면접관 몇 개 국어를 할 줄 아십니까?

이수정 영어하고 일본어, 중국어를 할 줄 압니다.

면접관 이수정 씨는 왜 승무원이 되려고 하십니까?

이수정 저는 여행을 아주 좋아하고, 사람들을 만나서
얘기하는 것도 좋아합니다.
그래서 이 일을 하고 싶습니다.

면접관 네. 이수정 씨의 장점을 말씀해 주십시오.

이수정 저는 성격이 밝습니다. 또 일을 빨리 배웁니다.

면접관 좋습니다.
승무원은 어때야 한다고 생각하십니까?

이수정 친절해야 합니다. 사람들을 많이 만나는 직업이니까
친절이 제일 중요하다고 생각합니다.

면접관 이수정 씨는 이 직업의 단점이 뭐라고 생각하십니까?

이수정 글쎄요. 비행기 여행을 많이 하니까 건강을 조심해야
한다고 생각합니다.

면접관 좋습니다. 면접을 끝내겠습니다.

이수정 감사합니다. 안녕히 계십시오.

면접관 안녕히 가십시오.

p 235

MP3 70

친구들하고 헤어져서 섭섭해요

소라 한스 씨!

한스 소라 씨, 공항에 왜 나오셨어요?

소라 인사하려고 나왔어요.

한스 나와 줘서 고마워요. 아직 시간이 남았으니까
차 한잔해요.

소라 네, 좋아요. 친구들한테 다 인사하셨어요?

한스 네. 다 만났어요. 고향에 돌아가는 것은 기쁘지만,
친구들하고 헤어져서 섭섭해요.

소라 한스 씨는 한국 생활 중에서 뭐가 제일 기억에
남으세요?

한스 음……, 제가 처음 한국에 왔을 때 길을 잃어버린 적이
있어요. 그때 도와준 학생이 제일 생각나요.

소라 네. 처음 한국에 왔을 때에는 한국어를 잘 못해서
힘들었지요? 그런데 지금은 이렇게 잘 하게 됐어요.

한스 친구들 덕분이에요.

소라 아니에요! 한스 씨가 열심히 공부하셨어요.
공부가 힘들지 않았어요?

한스 처음에는 힘들었어요. 하지만 학교에서 좋은 친구도
많이 사귀고 재미있는 일도 많았어요.

소라 독일에 가면 뭐 하실 거예요?

한스 아직 모르겠어요. 독일에 가서 정하기로 했어요.

소라 한국어 공부는 계속 하실 거예요?

한스 네. 독일에 한국 친구가 있으니까
그 친구하고 계속 연습할 거예요.

소라 참! 현우 씨가 베를린 대학교에 갔다고 들었어요.

한스 네. 베를린에 가서 만날 거예요.

소라 현우 씨 만나면 안부 전해 주세요.

한스 네, 전해 드릴게요. 소라 씨, 이제 가야겠어요.

소라 그럼, 메일 보낼게요. 안녕히 가세요.

한스 저도 연락할게요. 안녕히 계세요.

English Translation 읽기 대본

1

Unit 1 Dialogue

p 22 MP3 2

Andy	It's nice to meet you. I'm Andy. What's your name?
Hiromi	I'm Hiromi. What is your job?
Andy	I'm a student. I study Korean at Sogang University.
Hiromi	I study at Sogang University, too.
Andy	Really? In that case, let's meet at school some time.
Hiromi	Let me give you my contact information.

Unit 1 Reading

p 23 MP3 3

Hello! I'm Andy. I'm from the US. It's nice to meet you. My hometown is San Francisco. San Francisco is the most beautiful city in the US, so a lot of people travel there.

I'm majoring in East Asian Studies at my university. I studied Korean for two years at university, but I'm still not very good at it. That's why I came to Korea to study Korean.

My hobby is playing sports. When I have spare time, I play tennis or basketball. I learned Taekwondo in the US, so I also know a little Taekwondo. These days, I don't have any spare time, so I can't play sports. But now I want to start practicing Taekwondo again.

Right now I live in a boarding house in Sinchon. The boarding house is close to school, so it's convenient. Also, three students from my school live with me at this boarding house. They are all polite and good friends.

It is really great that I am able to live with these friends.

I will study the Korean language and culture in Korea for one year. I also want to make a lot of Korean friends.

Unit 2 Dialogue

p 35 MP3 5

Andy	Hello?
Jenny	Andy, this is Jenny.
Andy	Oh! Hi, Jenny.
Jenny	Andy, can you talk on the phone now?
Andy	I'm sorry. I'm talking to my friend now.
Jenny	Really? I'm sorry.
Andy	It's not a big deal. I'll call you after the conversation is over.
Jenny	Okay. I'll wait for you.

Unit 2 Reading

p 36 

Yeong-ho is a 29-year-old office worker. He has been working at this company for two years. Lately, Yeong-ho has been late to work every day. Yesterday morning, his boss got angry.

"Are you going to be late tomorrow, too?" the boss asked Yeong-ho. "If you are going to, then quit this job! Look for another company."

So that night, Yeong-ho set two alarms before he went to sleep so that he wouldn't be late.

This morning, Yeong-ho heard his alarm and got up early. He had extra time in the morning, so he ate breakfast, too. But after he got on the bus, he was so drowsy that he fell asleep.

"This stop is Gwanghwamun, Gwanghwamun."

Yeong-ho heard the announcement on the bus and opened his eyes. People were getting off the bus.

"Oh, no!"

Yeong-ho was surprised.

"Just a minute, sir! I'm getting off. Please open the door!"

Yeong-ho got to the office at 8:40 am.

"Wow, Yeong-ho, you came early today!" The people in the office were surprised.

So Yeong-ho said, "I got up early today so that I wouldn't be late."

Finally, the boss arrived at the office at 9 am. But he got mad when he saw Yeong-ho, because Yeong-ho was sleeping at his desk.

Unit 3 Dialogue

p 47 MP3 8

Andy Jenny, what time do you usually go home?
Jenny At 3 o'clock.
Andy What do you do when you go home?
Jenny I do my homework, and I surf the Internet.

Unit 3 Listening

p 49  MP3 9

I went bungee jumping.

Jenny Hi, Andy!
Andy Oh, Jenny! Hi.
Jenny Andy, did you have a good weekend?
Andy Yes, it was very interesting.
Jenny What did you do?
Andy I went to Bundang with my friends, and we went bungee jumping.
Jenny Bungee jumping?
Andy Yes, it was really fun.
Jenny Isn't bungee jumping dangerous?
Andy No, it's not dangerous.
Jenny Weren't you scared?
Andy Before I jumped, I was a little scared. But when I was falling, I wasn't scared at all. I felt really good.
Jenny Wow, really?
Andy What did you do on the weekend, Jenny?
Jenny I went to Everland with my friends.
Andy Aren't there a lot of people at Everland on weekends?
Jenny Yes, there are a lot of people. So we went early in the morning and entered at 9 am when it opened.
Andy Then what time did you leave?
Jenny We hung around the amusement park, went to the zoo to look around, and left at around 12 andate lunch.
Andy You left that early?
Jenny Yes. In the afternoons, there are so many people at Everland that it gets too crowded. And the road is packed on the way back to Seoul.
Andy Oh, really?
Jenny Andy, if you ever go to Everland, leave early in the morning.
Andy Okay.
Jenny Ah! Shall we go to Everland together this Sunday?
Andy You mean this Sunday? I don't know about this Sunday....

Unit 4 Dialogue

p 59  MP3 13

Andy Excuse me. Is there a bank around here?
Lady Yes, there is.
Andy How do I get there?
Lady If you go straight down this road, there will be a four-way intersection. Turn right at the intersection and you'll be right there. It's across from the department store.
Andy How long does it take?
Lady It takes about five minutes.
Andy Thank you.

Unit 4 Reading

p 61  MP3 14

Andy likes Mina. He first met her one month ago. Since he likes her, he wanted to see her again.
This morning, Andy got a call from Mina. This Saturday is Mina's birthday. Mina invited Andy to dinner. After he got the call, Andy felt good. He wanted to buy a nice birthday present for Mina, but he couldn't think of a good present. Andy asked his friends at the boarding house, "What present would be good to get Mina?" Andy's friends at the boarding house recommended several presents to Andy. "She will like it if you get her some perfume." "She will like it if you get her a watch." "Mina likes scarves, so get her a scarf." In the afternoon, Andy went to buy a present. He went to a store and looked at the scarves and the watches. But he didn't like the scarves or the watches, so he bought some perfume.
After he finished shopping, Andy felt good, so he went home. But a problem came up. In the evening, a close friend

called him from the US. His friend will come to Korea this Saturday evening to see Andy. This friend doesn't have any other friends in Korea, and he doesn't know how to speak Korean, so Andy has to go to the airport to meet him. But Andy really wants to go to Mina's birthday party, so he doesn't know what he should do right now.

Unit 5 Dialogue

p 74 MP3 16

Takuya Can you go see a movie with me today?
Mina I'm sorry. I'm busy today, so let's go tomorrow!
Takuya Okay. Let's go tomorrow. But what movie do you want to see?
Mina How about "Superman"?
Takuya I saw that one last week, so let's see a different movie!
Mina Well, do you want to watch "Classic"?
Takuya Sure, that's fine. Let's see that movie.

Unit 5 Listening

p 75 MP3 17

What kind of movies do you like?

Wan There are a lot of good movies! Which one would you like to see?
Hans Wow! Look at this poster. Shall we see "Ring"?
Wan Ring? Hans, I hate scary movies.
Hans Really? Well, what kind of movies do you like, Wan?
Wan Action movies.
Hans Okay. Then, since "Taegeukgi" is playing here too, shall we see "Taegeukgi"?
Wan That sounds good. By the way, who's in that movie?
Hans There's a famous actor in it. Jang Dong-geon.
Wan Jang Dong-geon? I really like him.
Hans Really? Then, let's see "Taegeukgi".
Wan Since it's 2:30 right now, shall we go to the 3 o'clock showing?
Hans Sounds good. I'll buy the tickets.
Wan Okay.
Hans Wan, what should we do? The tickets are all sold out.
Wan Aren't there any for the next show?
Hans No, they're all sold out too.
Wan Oh...
Hans Wan, since "Titanic" is playing here too, how about watching "Titanic"? This movie is also popular.
Wan Oh, but, Hans, I promised another friend to watch that movie with him next week.
Hans Really? Who did you promise to see the movie with?
Wan I promised to see it with Takuya.
Hans What did you say? With Takuya?

Unit 6 Dialogue

p 84 MP3 21

Man Pardon me. You aren't supposed to talk on the phone here.
Andy Really? I'm sorry.
Man Why don't you go to the break room. It's okay to talk on the phone there.
Andy All right.

Unit 6 Reading

p 85 MP3 22

Eat rice and soup with a spoon
In Korea, people use both a spoon and chopsticks when they eat. They use a spoon when they eat rice and soup, and they use chopsticks when they eat side dishes. Also, you're not supposed to pick up the dish when you eat. This is different from Japan and China.

Jjigae is served in a single bowl
In Korea, when people eat with people they are close to, they eat jjigae together out of a single bowl. If you don't like eating this way, it's okay to use an individual dish. However, people don't eat soup out of a single bowl.

Older people start eating first

Age is important in Korea. For this reason, even when people are eating, they can only eat after the older people have started eating. Also, younger people aren't supposed to get up from the table until the older people have finished eating.

You're not supposed to blow your nose during a meal

When Koreans are eating, they don't blow their nose at the table. Blowing your nose when you are eating is not good manners. If you want to blow your nose, you should go somewhere else for a moment.

When you go to a restaurant, the side dishes and water are free

When you go to a restaurant in Korea, the side dishes and water are free, so you don't have to order side dishes or water. Also, if you need more side dishes or water, tell a restaurant employee. If you do that, they will get you some more.

Unit 7 Dialogue

p 94 MP3 24

Employee	Welcome! What are you looking for, sir?
Ji-hun	Do you have any shorts?
Employee	What color would you like me to show you?
Ji-hun	Beige.
Employee	All right, come this way. How about these?
Ji-hun	Is it okay if I try them on?
Employee	Of course. Try them on over there.

Unit 7 Listening

p 95  MP3 25

If you have any big backpacks, please show them to me.

Shop owner	Please come in. What are you looking for?
Jihoon	Do you have any backpacks?
Shop owner	Yes, please come this way.
Jihoon	I'm planning to travel abroad. If you have any big backpacks, please show them to me.
Shop owner	Yes. How about this one? It's big and light. And it's convenient because it has pockets.
Jihoon	Is this one sturdy?
Shop owner	Of course. In addition, it's waterproof so you'll have no problem even if it rains.
Jihoon	How much is it?
Shop owner	It's 100,000 won.
Jihoon	100,000 won? That's too expensive. Don't you have any cheaper ones?
Shop owner	The cheaper ones are over here. This one is 60,000 won.
Jihoon	This one seems smaller than that one.
Shop owner	It's not. The sizes are the same. It just seems smaller because there are no pockets.
Jihoon	I see. Is this backpack sturdy too?
Shop owner	Of course. It's light and very sturdy. But it's not waterproof.
Jihoon	It's not waterproof?
Shop owner	No. But it's not expensive, so a lot of customers have bought this one.
Jihoon	The price is okay, but since it's not waterproof I don't want it.
Shop owner	Then, why not get that one?
Jihoon	Well... I'll look around a little more and come back.
Shop owner	All right.
Jihoon	Goodbye.
Shop owner	Goodbye.

Unit 8 Dialogue

p 106 MP3 29

Andy	How is the kimchi jjigae at this restaurant?
Mina	My friend said it's a little spicy.
Andy	Well, what about the bibimbap?
Mina	They said the bibimbap tastes good.
Andy	In that case, I'll try the bibimbap. What are you going to have?
Mina	I'll have bibimbap, too. Sir, two orders of bibimbap, please!

Unit 8 Listening

p 107 MP3 30

Our customers said it's delicious.

Jihoon	Hello, how are you?
Restaurant owner	Jihoon, come in.
Jihoon	Congratulations on opening your restaurant. I brought you a plant.
Restaurant owner	Oh, my! It's very pretty. Thank you so much.
Jihoon	You're welcome. My friend came too. Wan, please say hello.
Wan	Hello. The restaurant's atmosphere is really nice.
Restaurant owner	Really? Thank you. There are seats over there, so why don't you go and have a seat?
Restaurant owner	What would you like to eat?
Wan	What's the tastiest dish here?
Restaurant owner	Try the bibimbap (rice with mixed vegetables). Our customers said it's delicious.
Wan	Then I'll have that.
Restaurant owner	Jihoon, what would you like to eat?
Jihoon	I'll have mullaengmyeon (cold buckwheat noodles in broth).
Restaurant owner	Okay.
Restaurant owner	Here's your bibimbap and mullaengmyeon.
Jihoon	Could you cut my noodles, please?
Restaurant owner	Yes. Enjoy your meal.
Jihoon · Wan	Thank you.
Jihoon	Wan, how's your bibimbap?
Wan	It's really tasty. How's your mullaengmyeon?
Jihoon	It's refreshing and good.
Restaurant owner	Please try this rice cake.
Wan	Oh! what is this rice cake for?
Restaurant owner	I prepared it because we opened today.
Wan	In Korea, do you give out rice cake on the opening day?
Jihoon	Yes. If you open a new store, you give out rice cake to your neighbors and customers.
Restaurant owner	That's right. That's why I prepared rice cake. Try some.
Wan	Thank you. I'm sure I will enjoy it.

Unit 9 Dialogue

p 117 MP3 34

Susan	Have you heard about Denny?
Andy	No, I haven't. What are they saying?
Susan	They're saying he hasn't been coming to school lately.
Andy	Why?
Susan	Because he got a job.
Andy	Really? I didn't know.

Unit 9 Reading

p 118  MP3 35

Last Sunday, James went to Incheon to meet his friend.
So he got on the express bus in Sinchon at 10 in the morning. James was in a good mood because an attractive woman was sitting next to him on the bus. James wanted to start a conversation with her, so he bought two cartons of chocolate milk before the bus departed.
But James couldn't start a conversation with the woman. She kept talking on the phone for 50 minutes.
"Minjeong, where are you right now?"
"Me? I'm on the bus. I called because I was bored."

And the woman kept talking. She said that her feet hurt because she was wearing new dress shoes. She said that she had bought them yesterday because they were on sale. James wanted to start a conversation with her, but she didn't end the call. "When will I be able to talk to her?" James kept waiting. But she talked on the phone without taking a break.

It was 10 minutes before they arrived in Incheon. Finally, the woman ended the call. So James tried to start a conversation with her.

"Excuse me..."

But just then, there was another call. From then until the woman got off the bus, she stayed on the phone. James wanted to give the pretty woman the chocolate milk and say hi to her before he got off the bus. But the bus had already arrived at the bus terminal.

In the end, James wasn't able to say a single word to the woman. So when he got off the bus, he gave the chocolate milk to the bus driver.

Unit 10 Dialogue

p 131  MP3 37

Wan	Who's the person over there who is talking to Susan?
Hans	The person wearing the hat?
Wan	Yes.
Hans	That is Paulo. He's from Mexico. Let me introduce him to you.

Unit 10 Reading

p 133  MP3 38

Dear Mom and Dad,

Hello! You're doing well, aren't you? I'm also doing well in Korea.

Last weekend, I went to the Chuncheon Mime Festival with my school friends. Chuncheon is a city in Gangwon Province. It takes two hours to get there from Seoul on the train.

At the Chuncheon Mime Festival, mime performance teams from several countries performed in the park and here and there on the streets. It was great to be able to see performances from several countries.

On Saturday afternoon, I saw a puppet show. Japanese students who are studying Korean at our school were performing. The Japanese students performed well, so it was fun.

On Sunday morning, I went to the lake and took some pictures with my friends. I will send one of those pictures with this letter. The person who's wearing a hat in the picture is Andy. He's a friend who studies at the same school. The person who's smiling next to me is Wan. She's my best friend. Before we left Chuncheon, we went downtown and had some dalkgalbi. Chuncheon dalkgalbi tastes much better than what I had in Seoul. We were all tired on the train going back to Seoul, so we slept. I was tired, but I was in a great mood because I had a fun weekend.

I will write another letter next time. Goodbye!

May __, 20__

From Susan in Seoul

Unit 11 Dialogue

p 145 MP3 40

Jenny	Excuse me, have you seen Takuya?
Woman	No, I haven't. I don't think he has gotten up yet.
Jenny	He hasn't gotten up yet?
Woman	No, he hasn't. I think he studied until late last night.

Unit 11 Listening

p 146  MP3 41

Why is this road so congested?

Hans	Hi! Jenny, get in.
Jenny	Okay.
Hans	Jenny, is that a wedding present?
Jenny	Yes. I bought a set of coffee cups to give to Hiromi. How about you?
Hans	I have decided to give money as my gift.
Jenny	Oh, really?

	By the way, is James not coming to the wedding?
Hans	Yesterday James called me and said he couldn't go to the wedding.
Jenny	It looks like James has been busy these days.
Hans	Well, let's get going.
Jenny	Why is this road so congested?
Hans	Well, it seems there's been a traffic accident.
Jenny	A traffic accident? I think it seems more like the road is under construction.
Hans	Roadwork?
Jenny	Oh, my! I have to see Hiromi before the wedding starts.
Hans	It's 11:30 right now, so I think we'll be able to get there before the wedding starts. Let's wait a little more.
Jenny	We have no other choice.
Hans	By the way, what does Hiromi's soon-to-be-husband do?
Jenny	I heard he works at KT. Hiromi said she met him when she was working at the company.
Hans	Oh, really?
Jenny	Oh, Hans, the cars are moving again.
Hans	Yes, we should be able to get there on time.
Jenny	It's 11:50. Won't we be late?
Hans	We're almost there, so don't worry too much.
Jenny	Oh, I can see the wedding hall over there.
Hans	Yes. There's only 10 minutes left, so let's step on it.

* KT : Korea Telecom

Unit 12 Dialogue

p 158  45

Min-su	Yu-ri, it's the weekend, so let's go out.
Yu-ri	But I think it's going to rain.
Min-su	So what if it rains? Let's go out. I'll buy lunch.
Yu-ri	Okay. In that case, let's go to Daehangno.
Min-su	Should we call Mi-na, too?
Yu-ri	Sure. Why don't you call her?

Unit 12 Reading

p 159  46

It's really strange. When I prepare for the test, not a single thing that I studied is on the test, and things that I didn't study are always on the test. So each time I take a test, I study hard but I get a bad grade. I have really bad luck, don't I?

It's similar with me. When I go shopping for the first time in a while, the store always puts on a sale the next day. Just last week, I bought a 100,000-won bag at a department store. But the department store ran a sale starting the next day, so now they're selling that bag for 70,000 won. I'm really upset.

Listen to my story, too. When I get in the short line at the supermarket because I think I'll be able to check out quickly, that line is always the slowest. Just yesterday, I got in the short line so that I could check out quickly, but I had to wait a long time when I got in that line. It's strange.

Something strange happened to me, too. When I go outside with my umbrella, it doesn't rain, and when I go outside without my umbrella, it rains. Just yesterday morning, I went outside with my umbrella because I thought it was going to rain. But it didn't rain until the evening, so I didn't need the umbrella. I had to carry my umbrella with me until I got back home, which was inconvenient.

I have bad luck when I take the bus. When I wait for the bus, the bus doesn't come. But when I start to walk because the bus isn't coming, the bus always passes by me just then. It's strange.

It's the same with me. When I wash my car for the first time in a while, it rains soon after that. That happened just last weekend. My car was dirty, so I washed my car for the first time in a while. At that time, I didn't think it was going to rain. But later that afternoon, it suddenly rained. I was really upset at that time.

Unit 13 Dialogue

p 174 MP3 48

So-ra	When was this picture taken?
Jenny	This picture was taken when I was 10 years old.
So-ra	When you were young, did you like skating?
Jenny	Yes, I did.
So-ra	Do you still skate these days?
Jenny	No, I skated a lot when I was younger, but I don't skate these days.

Unit 13 Reading

p 175 MP3 49

A long time ago, there was a person named Kongjwi. Kongjwi's mother passed away when Kongjwi was young. After that, her father married her stepmother. Her stepmother brought along her daugher Patjwi.

Kongjwi and Patjwi were very different. Kongjwi was nice, but Patjwi was not nice.

The stepmother only gave work to nice Kongjwi. So Kongjwi only worked, while Patjwi always played. But nice Kongjwi didn't complain.

One day, there was a banquet in the next village. But the stepmother gave work to Kogjwi and only took Patjwi with her. Kongjwi wanted to go to the banquet, too, but she had to work at home by herself. Kongjwi was so sad that she cried.

Just then, a fairy appeared in front of Kongjwi. The fairy helped Kongjwi with her work, so Kongjwi was able to finish the work quickly.

After the work was finished, the fairy gave Kongjwi pretty clothing and shoes.

"Kongjwi, your work is finished, so hurry and go to the feast."

Kongjwi put on the clothes that the fairy had brought her and ran to the banquet hall. But when she crossed the bridge, one of her shoes fell into the water. Kongjwi couldn't pick up the shoe, so she had to go to the banquet hall without it.

A little later, the village chief passed by the bridge. Just then, the village chief saw the shoe that Kongjwi had lost. A light was shining from the shoe. The village chief wanted to meet the owner of the shoe, because it was beautiful and special. So a person who was working for the village chief went to the village banquet hall to find the owner of the shoe.

That person went to the banquet hall and spoke to all of the people who were there.

"I am looking for the owner of this shoe. The women who have come here should all try on this shoe."

All of the women who had come to the banquet tried on the shoe. Patjwi also tried on the shoe. But the shoe was too small for Patjwi. Finally, Kongjwi tried on the shoe. The shoe fit Kongjwi perfectly.

The village chief was glad to have found the owner of the shoe. Also, he heard about Kongjwi from people in the village, and he was moved by Kongjwi's kind heart.

So Kongjwi and the village chief got married and lived together happily ever after.

Unit 14 Dialogue

p 187 MP3 51

Hans	Takuya, let's play tennis together today!
Takuya	I'm sorry. I can't today.
Hans	Do you already have plans?
Takuya	No. My back hurts, so I'm not supposed to play sports.
Hans	Really? Did you go to the doctor?
Takuya	Yes. The doctor told me not to play sports until I am better.

Unit 14 Listening

p 188 MP3 52

We're going to talk about some ways to stay healthy.

Radio DJ Hello, everyone. Isn't it difficult to wake up in the morning?
Aren't you really tired in the afternoon?

	Today we're going to talk about some ways to stay healthy.
	Next to me is the famous soprano singer Sumi Jo.
	Hello, Sumi.
Sumi	Hello.
DJ	Thank you for joining us.
	You're always busy because of your performances, aren't you?
	Even so, you are still beautiful and healthy.
Sumi	Thank you.
DJ	Do you have any special things you do to maintain good health?
Sumi	I think the most important thing is to sleep well. So, I sleep eight hours a day.
	And I go to sleep at the same time and wake up at the same time every day.
DJ	Really? Then what do you usually eat?
Sumi	I always eat breakfast. And I eat slowly.
DJ	What kinds of food do you like?
Sumi	I like vegetables more than meat.
DJ	I see. You must have some stressful days, too?
Sumi	Well. I don't really get stressed.
DJ	Then what do you do when you're tired?
Sumi	If I'm tired, I take a short nap.
	Even if you sleep for just a little while, it relieves your fatigue. When I'm really tired, I get a foot massage at home.
DJ	Foot massage?
Sumi	Yes. If your feet are tired, your body is tired. So, if you massage your feet, you will recover from fatigue.
DJ	I see. Let's listen to some music for a short time and then continue our talk.

Unit 15 Dialogue

p 198  MP3 56

Lien	Andy, have you ever been to Spain?
Andy	Yes, I have.
Lien	When did you go?
Andy	Last winter. Why do you ask?
Lien	I'm planning to take a trip to Spain this vacation.
	What should I do when I go to Spain?
Andy	Spain is famous for Flamenco, so be sure to go see it.

Unit 15 Listening

p 199  MP3 57

Please recommend a good place to me.

Minsu	Jenny, what are you going to do after this exam period is over?
Jenny	I plan to take a trip.
Minsu	Where are you going to go?
Jenny	I haven't decided yet. Please recommend a good place to me.
Minsu	Um, how long do you want to travel?
Jenny	About 3 or 4 days.
Minsu	Then, why don't you go to the East Coast? If you go to the East Coast, you can swim in the ocean. And you can stop by Seorak Mountain on your way back. The East Coast is the most popular place during summer vacation.
Jenny	Then aren't there a lot of people at this time?
Minsu	It's the end of July now, so there will be a lot.
Jenny	I don't like crowded places. I want to go somewhere quiet.
Minsu	Then what about Seon-un Temple?
Jenny	Seon-un Temple? Where is it?
Minsu	It's in Jeolla Province. It is quiet, so you'll probably like it. Also, the road that leads there is really scenic.

Jenny How do you get there?

Minsu You have to transfer buses. If you don't have a car, it takes many hours.

Jenny If the transportation is complicated, I don't want to go there. Isn't there a place I can get to easily?

Minsu Then what about going to Gyeong-ju? You can get there easily. And you can learn about Korean history there. Also, during summer vacation, there are not many people there, so it's quiet.

Jenny I've been to Gyeong-ju. I want to go somewhere I've never been.

Minsu Oh, you have? Then, what about the South Coast? Have you been to the South Coast?

Jenny No. What's good about the south coast?

Minsu You can go sightseeing on a boat around the islands. The scenery is really beautiful. And you can eat fresh raw fish.

Jenny Minsu, I get seasick so I don't want to get on a boat.

Minsu You don't like the East Coast, you don't like Seon-un Temple, you don't like Gyeong-ju, and you don't like the South Coast... Then just go to Jeju Island!

Unit 16 Dialogue

p 208 MP3 61

James Hiromi hasn't been coming to school lately. Do you know why she hasn't been coming?

Wan Yes, I heard that her father has been very sick.

James Really? She must be worried.

Wan Why don't you give Hiromi a call?

James Okay. I will do that.

Unit 16 Reading

p 209 MP3 62

Koreans usually don't write their names in red. They think that something bad will happen if they write their name in red, so they don't like writing names in red. Koreans think that they will get some money if they see a pig in their dreams. So some people buy their pig dream. Koreans think that they will become unlucky if they shake their legs. So Koreans really don't like shaking their legs. Koreans think that a welcome guest will visit them if they hear the sound of a magpie in the morning. So they like it when they hear the sound of a magpie in the morning. Koreans do not use the number "4" to mark the fourth floor of a building. When Koreans see the number "4", they think of death. This is because, in Korean, "4" sounds the same as the Chinese character for death (死).

Koreans usually give soap or toilet paper as presents at the housewarming party for someone who just moved. They think that if they are given soap as a present, they will make a lot of money, like soap bubbles multiplying. They think that if they get toilet paper as a present, they will live a long life, like a long roll of toilet paper. When Koreans have a dream about a tooth falling out, they think that one of their relatives is going to die. So Koreans get worried when they have dreams like that. The rice cake used in rice cake soup is long. The long rice cake in rice cake soup means living a long time, so in Korea, people eat rice cake soup on Seollal at the beginning of the year.

Unit 17 Dialogue

p 223 MP3 64

Tuan Hello! I'm Le Minh Tuan.

Interviewer Please sit down here.

Tuan Thank you.

Interviewer When did you come to Korea?

Tuan I came one year ago.

Unit 17 Listening

Introduce yourself.

p 224 MP3 65

Interviewer Please come in.

Su-jeong Hello. I'm Su-jeong Lee.

Interviewer Hello. Please sit down.

Su-jeong Thank you.

Interviewer Ms. Lee, please briefly introduce yourself.

Su-jeong Yes. I majored in History at Han-guk

	University. And I've been studying foreign languages since college in order to become a flight attendant. Also, I like traveling so I went on a lot of trips in college.
Interviewer	How many languages can you speak?
Su-jeong	I can speak English, Japanese, and Chinese.
Interviewer	Ms. Lee, why do you want to be a flight attendant?
Su-jeong	I really like traveling and meeting and talking with people. That's why I want to become a flight attendant.
Interviewer	Okay. Please tell me about your strong points.
Su-jeong	I have a cheerful personality, and I learn things quickly.
Interviewer	Good. What do you think flight attendants must be like?
Su-jeong	They must be kind. The job involves meeting many people, so I think kindness is most important.
Interviewer	What do you think are the drawbacks of this job?
Su-jeong	Well, I think you must take care of your health because you travel so much by plain.
Interviewer	Good. The interview is over.
Su-jeong	Thank you. Goodbye.
Interviewer	Goodbye.

Unit 18 Dialogue

p 234  69

Mina	Andy, what was it like when you first came to Korea?
Andy	When I first came to Korea, I had a hard time because the culture is different.
Mina	Arc you still having a hard time?
Andy	No. Now, I have come to understand a lot.
Mina	What are you going to do when this semester is over?
Andy	I've decided to take a semester off. What about you?
Mina	I'm planning to take a trip.

Unit 18 Listening

p 235  70

I am sad to leave my friends.

Sora	Hans!
Hans	Sora, I can't believe you came to the airport!
Sora	I came to say goodbye.
Hans	Thanks for coming. There's still some time left, so let's have some tea.
Sora	Good. Did you say goodbye to all your friends?
Hans	Yes, I met them all. I'm happy to be going home, but sad to leave my friends here.
Sora	Hans, what is the most memorable of all your experiences in Korea?
Hans	Um, when I first came to Korea, I got lost once. The student who helped me at that time comes to mind first.
Sora	I see. When you first came to Korea you couldn't speak Korean well, so you had a lot of difficulty, right? But now look how much you've improved.
Hans	Thanks to my friends!
Sora	No. You made a lot of effort yourself. Wasn't it hard to study?
Hans	At first it was hard. But I made a lot of good friends at school, and I had a lot of fun too.
Sora	What will you do when you go to Germany?
Hans	I don't know yet. I'll decide when I get there.
Sora	Will you continue to study Korean?
Hans	Yes, I have one Korean friend in Germany, so I'll keep studying with him.
Sora	Oh! I heard that Hyeon-woo is studying at Berlin University.

Hans	Yes, I'm going to Berlin and I will see him.
Sora	Give my regards to him if you see him.
Hans	Yes, I will. Sora, I have to leave now.
Sora	Well, I'll send you an e-mail. Goodbye!
Hans	I'll keep in touch too. Goodbye!

MP3 Contents 트랙 목차